文部省編纂 (1922~1923)

『普通學校國語讀本』

第二期 原文(下)

(卷九~卷十二)

김순전 · 사희영 · 박경수 · 박제홍 · 장미경

編

제이앤씨
Publishing Company

尋常小學國語讀本　卷九
文部省

尋常小學國語讀本　卷十
文部省

尋常小學國語讀本　卷十一
文部省

尋常小學國語讀本　卷十二
文部省

≪(下) 總目次≫

『普通學校國語讀本』卷十一 (6學年 1學期, 1922) ……………… 195

目録

『普通學校國語讀本』巻十二(6學年 2學期, 1923) …………… 279
目録

序 文

1. 조선총독부 편찬 第二期『普通學校國語讀本』원문서 발간의 의의

베네딕트 앤더슨은 '국민국가'란 절대적인 존재가 아니라 상대적인 것이며 '상상된 공동체'라 하였는데, 이러한 공동체 안에서 국민국가는 그 상대성을 극복하기 위하여 학교와 군대, 공장, 종교, 문학 그 밖의 모든 제도와다양한 기제들을 통해 사람들을 국민화 하였다. 근대 국민국가의 이러한국민화는 특히 '근대국가'라는 담론 속에서 '교육'이라는 장치를 통해 궁극적으로 국가 원리를 체현할 수 있는 개조된 국민을 만들어 내기위해 이데올로기 교육을 시행해 왔다.

국민교육의 정화(精華)라 할 수 있는 교과서는 한 나라의 역사진행과 불가분의 관계를 지니고 있기에 사회의 변천이나 당시의 문명과 문화를 파악할수 있을 뿐만 아니라 각 시대의 역사인식까지도 파악할 수 있다. 이는 당시의기성세대가 어떤 방향으로 국민을 이끌어 가려 했고, 또 그 교육을 받은 세대(世代)는 어떠한 비전을 가지고 새 역사를 만들어가려 하였는지도 판독할수 있다는 말이 된다. 이렇듯 한 시대의 교과서는 후세들의 세태판독과 미래창조의 설계를 위한 자료적 측면에서도 매우 중요하다.

이에 일제강점기 조선의 초등학교에서 사용되었던 조선총독부 편찬 第二期『普通學校國語讀本』(1923~1924) 원문서를 정리하여 발간하는 일은 한국근대사 및 일제강점기 연구에 크게 기여할 수 있는 필수적 사항이라 할 것이다. 이로써 일제강점기 한국에서 시행된 일본어교육과정에 대한 직접자료의 확보는 물론이려니와, 한국학(韓國學) 및 일본학(日本學) 연구 분야에서 새로운 지평을 여는데 하나의 방향 및 대안을 제시할 수도 있기 때문이다.

우리는 지금까지 "일본이 조선을 강제로 합병하여 식민통치를 했다."는 개괄적인 이야기는 수없이 들어왔으나, 실증적 자료가 너무도 미비된 관계로 실체를 온전히 파악하는데 한계가 있었다. 일제강점기 조선총독부 편찬 第二期『普通學校國語讀本』의 원문서의 발간은 '일본이 조선에서 일본어를 어떻게 가르쳤는가?'를 실제로 보여주는 작업이 될 것이며, 아울러 교과 내용은 과거 긴박했던 세계정세에 따른 일제의 식민지교육정책의 변화까지도 파악할 수 있는 실증적 자료의 복원이 될 것이다.

아무쪼록 현시점에서 보다 나은 시각으로 당시의 식민지정책이 내재된 교육적 장치에 담긴 경제, 사회, 문화면 등과 함께 역사관을 새롭게 구명할 수 있는 기초자료로 활용되기를 기대한다.

2. 근대 조선의 일본어 교육

1) 일본의 '國語' 이데올로기

근대에 들어 국가는 소속감, 공통문화에 대한 연대의식과 정치적 애국심을 바탕으로 강력한 국민국가의 형태로 나타났다. 외세의 침입으로부터

국가를 보호하기 위해 국민을 계몽하고 국력을 신장시키는데 국가적 힘을 결집하였으며 국가가 필요로 하는 국민양성을 위해 각종 법령을 마련하는 등 국민교육을 국가의 주요기능에 편입시켰다.

국가주의는 국민(nation)이 주체로서 구성원 개개인의 감정, 의식, 운동, 정책, 문화의 동질성을 기본으로 하여 성립된 근대 국민국가라는 특징을 갖고 있다. 국가주의의 가장 핵심적인 요소는 인종, 국가, 민족, 영토 등의 객관적인 것이지만 공용어(公用語)와 문화의 동질성에서 비롯된 같은 부류의 존재라는 '우리 의식'(we~feeling) 내지 '自覺'과 같은 내적 요인을 더욱 중요시 여기는 것이 일반적이다.

'우리 의식'과 같은 국민의식은 국가를 위한 운동, 국가 전통, 국가 이익, 국가 안전, 국가에 대한 사명감(使命感) 등을 중시한다. 이러한 국민의식을 역사와 문화 교육을 통해 육성시킴으로써 강력한 국가를 건설한 예가 바로 독일이다. 근대 국민국가의 어떤 특정한 주의(예를 들면 독일의 나치즘(Nazism), 이탈리아의 파시즘(Fascism), 일본의 쇼비니즘(Chauvinism) 등)가 맹목적인 애국주의와 국수주의적인 문화 및 민족의식을 강조하다가 제국적인 침략주의로 전락한바 있었던 사실을 주지할 필요가 있을 것이다.

'Ideology'란 용어는 Idea와 Logic의 합성어로 창의와 논리의 뜻을 담고 있다. 근대 국민의식에 내재되고 수용된 'Ideology'에 대한 Engels와 Marx의 이념 정의는, "자연, 세계, 사회 및 역사에 대해 가치를 부여하고 그 가치성을 긍정적, 부정적으로 평가하는 동의자와 일체감을 형성하여 그 가치성을 행동으로 성취하는 행위"[1]로 요약된다. 말하자면 '개인의 의식 속에 내재해 있으면서도 개인의식과는 달리 개인이 소속한 집단, 사회, 계급, 민족이 공유하고 있는 〈공동의식〉, 즉 〈사회의식〉과 같은 것'이라 할 수 있다.

---

1) 高範瑞 외 2인(1989), 『現代 이데올로기 總論』, 학문사, pp.11~18 참조.

메이지유신 이후의 주목할 만한 변화는, 정치적으로는 〈國民皆兵制〉(1889)가 실시되고, 〈皇室典範〉(1889)이 공포되어 황실숭상이 의무화되었고, 〈大日本帝國憲法〉(1889)의 발포로 제국주의의 기초가 마련되었다. 또한 교육적으로는 근대교육제도(學制, 1872)의 제정 공포, 〈敎育勅語〉(1890)와 「기미가요(君が代)」(1893) 보급 등으로 초국가주의적 교육체제가 확립[2]되었으며, 교과서정책은 초기의 〈自由制〉에서 〈開申制(屆出制)〉(1880), 〈認可制〉(1883) 〈檢定制〉(1886)를 거쳐, 1904年 〈國定敎科書〉제도로서 규제해나갔다

우에다 가즈토시(上田萬年)가 주장했던 '母語 = 國語' 이데올로기는, 일본어의 口語에 의해 구체화되었다. 학습에 의해서 습득할 수 있는 지극히 인위적인 언어였음에도 근대일본의 여러 제도(교육, 법률, 미디어 등)는, 이 口語에 의해 유지되어, '母語 = 國語' 이데올로기로 확대 재생산되기에 이르렀으며, 오늘날에도 '日本語 = 國語'는 일본인에 있어서 대단히 자명한 사실인 것처럼 받아들여지고 있다.

일본에서 '國語'란 만세일계의 황통이니, 팔굉일우(八紘一宇)니, 국체명징(國體明徵)이니, 기미가요(君が代) 등으로 표현되는 천황에 대한 충성심과 희생정신을 기조로 근대 일본국가주의 이데올로기로 자리 잡게 되었다. 즉 '명령과 절대복종'식의 도덕성과 충군애국사상을 담은 '국가주의'에 의한 '國語'교육이 된 것이다.

2) 합병 후 조선의 교육제도와 일본어 교육

조선에서의 일본어 교육은 식민지라는 특수한 상황에서 일본식 풍속미

---

2) 黃惠淑(2000), 「日本社會科敎育의 理念變遷研究」, 韓國敎員大學校 大學院 博士學位論文, p.1.

화의 동화정책을 시행하기 위해 가장 기본적인 수단으로 중요시되었다. 이는 말과 역사 그리고 문화 전반을 정복하는 것이 동화정책의 시작이요 완성이라는 의미이다.

1910년 8월 29일, 한국은 일본에 합병되었다. 이에 관한 메이지천황의 합병에 관한 조서(詔書)는 다음과 같다.

> 짐은 동양의 평화를 영원히 유지하고 제국의 안전을 장래에 보장할 필요를 고려하여·····조선을 일본제국에 합병함으로써 시세의 요구에 응하지 않을 수 없음을 염두에 두어 이에 영구히 조선을 제국에 합병하노라···下略···3)

일제는 한일합병이 이루어지자 〈大韓帝國〉을 일본제국의 한 지역으로 인식시키기 위하여 〈朝鮮〉으로 개칭(改稱)하였다. 그리고 제국주의 식민 지정책 기관으로 〈朝鮮總督府〉를 설치하고, 초대 총독으로 데라우치 마사타케(寺內正毅, 이하 데라우치)를 임명하여 무단정치와 제국신민 교육을 병행하여 추진하였다. 따라서 일제는 조선인 교육정책의 중점을 '점진적 동화주의'에 두고 풍속미화(풍속의 일본화), 일본어 사용, 국정교과서의 편찬과 교원양성, 여자교육과 실업교육에 주력하여 보통교육으로 관철시키고자 했다. 특히 일제 보통교육 정책의 근간이 되는 풍속미화는 황국신민의 품성과 자질을 육성하기 위한 것으로 일본의 국체정신과 이에 대한 충성, 근면, 정직, 순량, 청결, 저축 등의 습속을 함양하는 데 있었다. 일본에서는 이를 〈통속교육위원회〉라는 기구를 설치하여 사회교화라는 차원에서 실행하였는데, 조선에서는 이러한 사회교화 정책을 보통학교를 거점으로 구상했다는 점이 일본과 다르다 할 수 있다.4)

---

3) 教育編纂会, 『明治以降教育制度発達史』, 第十卷 1964년 10월, p.41(필자 번역, 이하 동). 朝鮮教育研究會, 『朝鮮教育者必讀』, 1918년, pp.47~48 참고.
4) 정혜정·배영희(2004), 「일제 강점기 보통학교 교육정책연구」, 『教育史學 研究』,

조선총독부는 한국병합 1년 후인 1911년 8월 24일 〈조선교육령(朝鮮敎育令)〉[5]을 공포함으로써 교육령에 의한 본격적인 동화교육에 착수하였다. 초대 조선총독 데라우치의 교육에 관한 근본방침을 근거로 한 〈조선교육령〉은 全文 13개조로 되어 있으며, 그 취지는 다음과 같다.

> 조선은 아직 일본과 사정이 같지 않아서, 이로써 그 교육은 특히 덕성(德性)의 함양과 일본어의 보급에 주력함으로써 황국신민다운 성격을 양성하고 아울러 생활에 필요한 지식 기능을 교육함을 본지(本旨)로 하고……조선이 제국의 융운(隆運)에 동반하여 그 경복(慶福)을 만끽함은 실로 후진 교육에 중차대한 조선 민중을 잘 유의시켜 각자 그 분수에 맞게 자제를 교육시켜 成德達才의 정도에 따라야 할 것이며, 비로소 조선의 민중은 우리 皇上一視同仁의 홍은(鴻恩)을 입고, 一身一家의 福利를 향수(享受)하고 人文 발전에 공헌함으로써 제국신민다운 열매를 맺을 것이다.[6]

이에 따라 교사의 양성에 있어서도 〈조선교육령〉에 의하여, 구한말 고종의 〈교육입국조서〉의 취지에 따라 설립했던 기존의 '한성사범학교'를 폐지하고, '관립고등보통학교'와 '관립여자고등보통학교'를 졸업한 자를 대상으로 1년간의 사범교육을 실시하여 배출하였고, 부족한 교원은 '경성고등보통학교'와 '평양고등보통학교'에 수업기간 3개월의 임시교원 속성과를 설치하여 〈조선교육령〉의 취지에 맞는 교사를 양산해 내기에 이른다.

데라우치 마사타케가 제시한 식민지 교육에 관한 세 가지 방침은 첫째, '조선인에 대하여 〈敎育勅語〉(Imperial rescript on Education)의 취지에 근거하여 덕육을 실시할 것' 둘째, '조선인에게 반드시 일본어를 배우게 할

서울대학교 敎育史學會 편, p.166 참고.
5) 敎育編纂会(1964, 10), 『明治以降敎育制度発達史』, 第十卷, pp.60〜63.
6) 朝鮮總督府(1964, 10), 『朝鮮敎育要覽』, 1919년 1월, p.21. 敎育編纂会, 『明治以降敎育制度発達史』, 第十卷, pp.64〜65.

것이며 학교에서 교수용어는 일본어로 할 것.' 셋째, '조선인에 대한 교육제
도는 일본인과는 별도로 하고 조선의 시세(時勢) 및 민도(民度)에 따른 점
진주의에 의해 교육을 시행하는 것'이었다.

〈제1차 조선교육령〉(1911)에 의거한 데라우치의 교육방침은 "일본인 자
제에게는 학술, 기예의 교육을 받게 하여 국가융성의 주체가 되게 하고,
조선인 자제에게는 덕성의 함양과 근검을 훈육하여 충량한 국민으로 양성
해 나가는 것"[7]이었다. 데라우치는 이러한 교육목표를 내세우며, 일상생활
에 '필수(必須)한 知識技能을 몸에 익혀 실세에 적응할 보통교육을 강조하
는 한편, 1911년 11월의 「일반인에 대한 유고(諭告)」에서는 '덕성을 함양하
고 일본어를 보급하여 신민을 양성해야 한다'고 '교육의 필요성'을 역설하
기도 했다. 이에 따라 보통학교의 교육연한은 보통학교 3~4년제, 고등보
통학교 4년제, 여자고등보통학교 3년제로 정해졌으며, 이와 관련된 사항을
〈조선교육령〉에 명시하였다.

한편 일본인학교의 교육연한은 초등학교 6년제, 중학교 5년제, 고등여학
교 5년제(1912년 3월 府令 제44호, 45호)로, 조선인과는 다른 교육정책으로
복선형 교육제도를 실시하였음을 알 수 있다. 〈제1차 조선교육령〉시기 보
통학교 교과목, 교과과정, 수업시수를 〈표 1〉로 정리하였다.[8]

---

7) 정혜정·배영희(2004), 위의 논문, p.167.
8) 朝鮮教育會(1935), 『朝鮮學事例規』, pp.409~410 참조.

〈표 1〉 〈제1차 조선교육령〉 시기 보통학교 교과과정과 매주 교수시수(1911~1921)[9]

학년 과목	1학년		2학년		3학년		4학년	
	과정	시수	과정	시수	과정	시수	과정	시수
수신	수신의 요지	1	좌동	1	좌동	1	좌동	1
국어	독법, 해석, 회화, 암송, 받아쓰기, 작문, 습자	10	좌동	10	좌동	10	좌동	10
조선어 及한문	독법, 해석, 받아쓰기, 작문, 습자	6	좌동	6	좌동	5	좌동	5
산술	정수	6	좌동	6	좌동, 소수, 제등수, 주산	6	분수, 비례, 보합산, 구적, 주산	6
이과					자연계의 사물현상 및 그의 이용	2	좌동, 인신 생리 및 위생의 대요	2
창가	단음창가	3	좌동	3	좌동	3	좌동	3
체조	체조, 보통체조				좌동		좌동	
도화	자재화				좌동		좌동	
수공	간이한 세공				좌동	2	좌동	2
재봉及 수공	운침법, 보통의류의 재봉, 간이한 수예		보통의류의 재봉법, 선법, 간이한 수예		좌동 및 의류의 선법		좌동	
농업초보					농업의 초보 및 실습		좌동	
상업초보					상업의 초보		좌동	
계		26		26		27		27
국어 /전체시수 (%)		38		38		37		37

〈표 1〉에서 알 수 있듯이 1, 2학년의 교과목에는 수신, 국어, 조선어및한문, 산술, 창가에 시수를 배정하였으며, '체조', '도화', '수공'과, '재봉및수공(女)'과목은 공식적으로 시수를 배정하지 않았다. 그러나 교과과정을 명시하여 교사의 재량 하에 교육과정을 이수하게 하였다. 그리고 3, 4학년과정

---

9) 〈표 1〉은 김경자 외 공저(2005), 『한국근대초등교육의 좌절』, p.77을 참고하여 재작성 하였음.

에서 '조선어및한문'을 1시간을 줄이고 '수공'에 2시간을 배정함으로써 차츰 실용교육을 지향하고 있음을 보여준다.

가장 주목되는 것은 타 교과목에 비해 압도적인 시수와 비중을 차지하고 있는 '國語(일본어)' 과목이다. 특히 언어교육이란 지배국의 이데올로기를 담고 있기 때문에 일본어교육은 일제가 동화정책의 출발점에서 가장 중요 시하였던 부분이었다. 〈표 1〉에서 제시된 '國語'과목의 주된 교과과정은 독법, 회화, 암송, 작문, 습자 등으로 일본어교육의 측면만을 드러내고 있다. 그런데 교과서의 주된 내용이 일본의 역사, 지리, 생물, 과학을 포괄하고 있을 뿐만 아니라, 일본의 사상, 문화, 문명은 물론 '실세에 적응할 보통 교육' 수준의 실용교육에 까지 미치고 있어, '國語'교과서만으로도 타 교과 목의 내용을 학습하도록 되어 있어 식민지교육을 위한 종합교과서라고 볼 수 있다. 그런만큼 40%에 가까운 압도적인 시수를 배정하여 집중적으로 교육하였음은 당연한 일이었을 것이다.

3. 〈제2차 조선교육령〉 시기의 일본어 교육

1) 〈3·1 독립운동〉과 〈제2차 조선교육령〉

합병 후 일제는 조선총독부를 설치하고 무단 헌병정치로 조선민족을 강압하였다. 육군대신 출신이었던 초대 총독 데라우치에 이어 육군대장 하세가와 요시미치(長谷川好道)총독으로 계승된 무단통치는 조선인들의 반일감정을 고조시켰으며, 마침내 〈3·1독립운동〉이라는 예상치 못한 결과를 초래했다.

일제는 일제의 침략에 항거하는 의병과 애국계몽운동을 무자비하게 탄

압하고 강력한 무단정치를 펴나가는 한편, 민족고유문화의 말살, 경제적 침탈의 강화로 전체 조선민족의 생존에 심각한 위협을 가했다. 일제는 민족자본의 성장을 억제할 목적으로 〈회사령(會社令, 1910)〉을 실시함으로써 총독의 허가를 받아야만 회사를 설립할 수 있도록 제한하였고, 〈조선어업령(朝鮮漁業令)〉(1911), 〈조선광업령(朝鮮鑛業令)〉(1915) 등을 통해 조선에 있는 자원을 착출하였다. 또한 토지조사사업(土地調査事業, 1910~18)으로 농민의 경작지가 국유지로 편입됨에 따라 조상전래의 토지를 빼앗기고 빈농 또는 소작농으로 전락하기에 이르러, 극히 일부 지주층을 제외하고는 절박한 상황에 몰리게 되었다. 이렇듯 식민통치 10년 동안 자본가, 농민, 노동자 등 사회구성의 모든 계층이 식민통치의 피해를 직접적으로 체감하게 되면서 민중들의 정치, 사회의식이 급격히 높아져 갔다.

1918년 1월 미국의 월슨대통령이 전후처리를 위해 〈14개조 평화원칙〉을 발표하고 민족자결주의를 제창했는데, 같은 해 말 만주 지린에서 망명 독립 운동가들이 무오독립선언을 통하여 조선의 독립을 주장하였고, 이는 조선 재일유학생을 중심으로 한 〈2·8 독립선언〉으로 이어졌다. 여기에 고종의 독살설이 불거지면서 그것이 계기가 되어 지식인과 종교인들이 조선독립의 불길을 지피게 되자, 삽시간에 거족적인 항일민족운동으로 확대되었고, 일제의 무단정치에 대한 조선인의 분노 역시 더욱 높아져갔다.

고종황제의 인산(因山, 국장)이 3월 3일로 결정되자, 손병희를 대표로 한 천도교, 기독교, 불교 등 종교단체의 지도자로 구성된 민족대표 33인은 많은 사람들이 서울에 모일 것을 예측하고, 3월 1일 정오를 기하여 파고다공원에 모여 〈독립선언서〉를 낭독한 후 인쇄물을 뿌리고 시위운동을 펴기로 하고, 각 지방에도 미리 조직을 짜고 독립선언서와 함께 운동의 방법과 날짜 등을 전달해두었다. 독립선언서와 일본정부에 대한 통고문, 그리고 미국대통령, 파리강화회의 대표들에게 보낼 의견서는 최남선이 기초하고,

제반 비용과 인쇄물은 천도교측이 맡아, 2월 27일 밤 보성인쇄소에서 2만 1천장을 인쇄하여, 은밀히 전국 주요도시에 배포했다. 그리고 손병희 외 33명의 민족대표는 3월 1일 오후 2시 정각 인사동의 태화관(泰和館)에 모였다. 한용운의 〈독립선언서〉 낭독이 끝나자, 이들은 모두 만세삼창을 부른 후 경찰에 통고하여 자진 체포당했다.

한편, 파고다 공원에는 5천여 명의 학생들이 모인 가운데 정재용(鄭在鎔)이 팔각정에 올라가 독립선언서를 낭독하고 만세를 부른 후 시위에 나섰다. 이들의 시위행렬에 수많은 시민들이 가담하였다. 다음날에는 전국 방방곡곡에서 독립만세와 시위운동이 전개되었다. 이에 조선총독부는 군대와 경찰을 동원하여 비무장한 군중에게 무자비한 공격을 가했다. 그로인해 유관순을 비롯한 수많은 사람들이 학살되거나 부상당하였으며 투옥되는 참사가 벌어졌고, 민족대표를 위시한 지도자 47명은 내란죄로 기소되었다.

〈3·1운동〉 이후 전국적으로 퍼져나간 시위운동 상황에 대한 일본 측 집계에 의하면, 집회회수 1,542회, 참가인원수 2,023,089명에 사망 7,509명, 부상 15,961명, 검거된 인원은 52,770명에 이르렀으며, 불탄 건물은 교회 47개소, 학교 2개교, 민가 715채에 달한 것으로 기록되고 있다. 이 거족적인 독립운동은 일제의 잔인한 탄압으로 많은 희생자를 낸 채 목표를 달성하지는 못했지만, 국내외적으로 우리 민족의 독립정신을 선명히 드러낸 바가 되어, 우리 근대민족주의 운동의 시발점이 되었다. 이는 아시아의 다른 식민지 및 반식민지의 민족운동 등에도 영향을 끼쳤는데, 특히 중국의 〈5·4 운동〉, 인도의 무저항 배영(排英)운동인 〈제1차 사타그라하운동〉, 이집트의 반영자주운동, 터키의 민족운동 등 아시아 및 중동지역의 민족운동을 촉진시킨 것으로 높이 평가되었다.

이처럼 3·1운동은 한국인들의 민족의식을 고취시키고 거국적인 독립운동을 촉진시켜 급기야 상해임시정부가 수립되는 성과를 얻게 되었으며,

대내적으로는 일제의 무단통치를 종결시키게 되는 계기가 되었다. 이후의 조선총독정치의 재편과 문화통치의 실시에는 당시 일본 수상이었던 하라 다카시(原敬)의 아이디어가 많이 작용했다. 하라는 한반도에서의 독립만세운동 사건을 접한 후 조선통치방법에 변화의 필요성을 느끼고 조선총독부 관제를 개정함과 동시에 새로운 인사 조치를 단행했다. 그리하여 하세가와(長谷川)총독의 사표를 받고, 이어 제3대 총독으로 사이토 미나토(齋藤實)를 임명하여 문화정치를 표방하면서 조선인의 감정을 무마하려고 하였다. 새로 부임한 사이토는 1919년 9월 3일 새로운 시정방침에 대한 훈시에서 "새로운 시정방침이 천황의 聖恩에 의한 것"이라고 전제하고 "內鮮人으로 하여금 항상 동포애로 相接하며 공동협력 할 것이며, 특히 조선인들은 심신을 연마하고 문화와 民力을 향상시키기를 바란다."[10]는 등 '내선융화'적인 발언을 하였다. 이러한 정책의 일환으로 1919년 말에는 3面 1校制[11]가 실시되었으며, 1920년에는 부분 개정된 교육령(칙령 제19호)을 제시하여 '일시동인(一視同仁)'의 서막을 열었다.

그리고 '일시동인'의 취지에서 일본 본토의 교육제도를 기조로 교육령 개정에 착수하여, 1922년 2월 全文 32개조로 된 〈제2차 조선교육령〉을 발포하였다.

〈제2차 조선교육령〉이 '일시동인'이나 '내지연장주의'의 취지에서 개정된 만큼 교육제도에 있어 이전에 비해 완화된 부분이 추가되었다. 보통학교 수업연한을 소학교와 동일하게 6년제로 연장하였으며, 종래에 저급하게 짜였던 학교체계도 일부 수정하여 사범교육과 대학교육을 첨가하는 한편 보통교육, 실업교육, 전문교육의 수업연한을 늘리기도 하였다.

---

10) 조선총독부(1921), 『朝鮮에 在한 新施政』, pp.54~56.
11) 3面 1校制: 1919년에 실시된 것으로 3개의 面에 하나의 학교 설립을 의미한다. 이후 1929년 1面 1교제를 실시하게 되어 면 지역을 중심으로 학교가 급증하게 된다. 윤병석(2004), 『3·1운동사』, 국학자료원, p.47.

그러나 동 법령 제3조에서 '국어(일본어)를 상용하는 자와 그렇지 않은 자'를 구별하였으며, 종래와 같이 일본인을 위한 '소학교'와 조선인을 위한 '보통학교'를 그대로 존속시킴으로써 실질적인 차별을 두었다. 뿐만 아니라 동 법령에서 제시한 보통학교 교육에 대한 취지나, 동 법령 제4조를 보면 교육목적이 이전과 다를 바 없다는 것을 알 수 있다.

보통교육은 국민된 자격을 양성하는 데 있어 특히 긴요한 바로서 이 점에 있어서는 법령의 경계에 의하여 변동이 생길 이유가 없음은 물론이다. 즉 고래의 양풍미속을 존중하고 순량한 인격의 도야를 도모하며 나아가서는 사회에 봉사하는 념(念)을 두텁게 하여… 미풍을 함양하는데 힘쓰고 또 國語 (일본어)에 숙달케 하는데 중점을 두며 근로애호의 정신을 기르고 흥업치산 의 지조를 공고히 하게 하는 것을 신교육의 요지로 한다.[12]

보통학교는 아동의 신체적 발달에 유의하여, 이에 덕육을 실시하며, 생활에 필수한 보통의 지식 및 기능을 수여하여 국민으로서의 성격을 함양하고 國語 를 습득시킬 것을 목적으로 한다.[13]

"國語, 즉 일본어 습득"에 역점을 두어 동화를 도모하였으며, "생활에 필수한 보통의 지식과 기능"이라 명시함으로써 식민지 보통교육을 생활의 필요에 한정하였다. 무엇보다도 중요한 것은 "국민된 자격 양성", "국민으로서의 성격 함양"일 것이다. 이는 종전의 교육목적, 즉 '충량한 신민의 육성'과 상통하는 것으로, 충량한 신민을 양육하고자 하는 의도가 그대로 함축되어 있는 대목이라 하겠다.

---

12) 조선총독부(1922), 「관보」, 1922. 2. 6.
13) 〈제2차 조선교육령〉 제4조.

2) 교과목과 수업시수

〈제2차 조선교육령〉이 이전의 교육령에 비해 눈에 띄게 변화된 점이 있다면 바로 보통학교의 수업연한이 6년제로 바뀐 점이다. 조선총독부는 이 규정을 제5조에 두었는데, 그 조항을 살펴보면 "보통학교의 수업 연한은 6년으로 한다. 단 지역의 정황에 따라 5년 또는 4년으로 할 수 있다."[14]로 명시하여 지역 상황에 따른 수업연한의 유동성을 예시하였다. 이에 따른 교과목과 교육시수를 〈표 2〉로 정리하였다.

〈표 2〉 〈제2차 조선교육령〉에 의한 보통학교 교과목 및 주당 교수시수

학제	4년제 보통학교				5년제 보통학교					6년제 보통학교					
과목\학년	1	2	3	4	1	2	3	4	5	1	2	3	4	5	6
수신	1	1	1	1	1	1	1	1	1	1	1	1	1	1	1
국어	10	12	12	12	10	12	12	12	9	10	12	12	12	9	9
조선어	4	4	3	3	4	4	3	3	3	4	4	3	3	3	3
산술	5	5	6	6	5	5	6	6	4	5	5	6	6	4	4
일본역사									5					2	2
지리														2	2
이과				3				2	2				2	2	2
도화			1	1			1	1	2(남)1(여)				1	2(남)1(여)	2(남)1(여)
창가			1	1			1	1	1				1	1	1
체조	3	3	3(남)2(여)	3(남)2(여)	3	3	1	3(남)2(여)	3(남)2(여)	3	3	3	3(남)2(여)	3(남)2(여)	3(남)2(여)
재봉			2	2				2	3				2	3	3
수공															
계	23	25	27(남)28(여)	27(남)28(여)	23	25	27	29(남)31(여)	30(남)31(여)	23	25	27	29(남)30(여)	29(남)30(여)	29(남)30(여)

---

14) 〈제2차 조선교육령〉 제5조.

〈제2차 조선교육령〉 시행기는 기존의 '조선어 및 한문'이 '조선어'과목으로 되어 있으며, 수업시수가 이전에 비해 상당히 줄어든 반면, 國語(일본어)시간이 대폭 늘어났다. 주목되는 점은 '역사'와 '지리'과목을 별도로 신설하고 5, 6학년 과정에 배치하여 본격적으로 일본사와 일본지리를 교육하고자 하였음을 알 수 있다.

한편 4년제 보통학교의 경우 조선어 교과의 비중감소나 직업교과의 비중감소 등은 6년제와 유사하다. 그러나 5년제나 6년제와는 달리 역사, 지리 등의 교과가 개설되지 않았다는 점에서 이 시기의 4년제 보통학교는 '간이교육기관'의 성격을 띠고 있음을 알 수 있다.

또한 조선총독부는 지속적으로 〈보통학교규정〉을 개정하였는데, 개정된 보통학교 규정의 주요 항목들을 살펴보면, 1923년 7월 31일 〈조선총독부령 제100호〉로 개정된 〈보통학교규정〉에서는 4년제 보통학교의 학과목의 학년별 교수정도와 매주 교수시수표상의 산술 과목 제4학년 과정에 '주산가감'을 첨가하도록 하였다. 또한 1926년 2월 26일 〈조선총독부령 제19호〉의 〈보통학교규정〉에서는 보통학교의 교과목을 다음과 같이 부분적으로 개정하였는데, ①제7조 제3항(4년제 보통학교는 농업, 상업, 한문은 가할 수 없음) 중 농업, 상업을 삭제하고 ②"수의과목이나 선택과목으로 한문을 가하는 경우 제5학년, 제6학년에서 이를 가하고 이의 매주 교수시수는 전항의 예에 의하는 것"으로 하였다. 그리고 1927년 3월 31일자 〈조선총독부령 제22호〉의 〈보통학교규정〉에서는 보통학교 교과목 중 '일본역사' 과목의 과목명을 '국사'로 바꾸었다.

한편 〈제2차 조선교육령〉에 나타난 '교수상의 주의사항'을 〈1차 조선교육령〉기와 비교해 볼 때, 국어(일본어) 사용과 관련된 기존의 항목만이 삭제되고 나머지는 거의 유사하다. 이와 같이 일본어 사용에 대한 명시적인 강조가 사라진 것은 1919년 독립운동 후 조선의 전반적인 사회분위기를 고려한 것으로 추정된다.

3) 관공립 사범학교의 초등교원 양성과정

강점초기의 관립사범학교로는 관립경성사범학교를 들 수 있는데, 이 학교는 조선총독부 사범학교였던 경성사범학교가 개편된 것으로, 1부는 소학교 교원을, 2부는 보통학교 교원을 양성하도록 하였다. 또한 '보통과'와 '연습과'를 설치하여 '보통과'는 5년(여자는4년), '연습과'는 1년의 수업 연한을 두었다.

'보통과'는 12세 이상의 심상소학교나 6년제 보통학교 졸업자, 중학교 또는 고등보통학교 재학자, 12세 이상으로 국어, 산술, 일본역사, 지리, 이과에 대하여 심상소학교 졸업 정도로, 시험에 합격한 자에게 입학 기회가 주어졌다. '연습과'는 보통과 졸업자 외에 문부성 사범학교 규정에 의한 사범학교 본과 졸업자, 중학교 혹은 고등여학교 졸업자, 고등보통학교 혹은 여자고등보통학교 졸업자, 실업학교 졸업자, 전문학교 입학자, 검정시험 합격자, 사범학교 연습과 입학자격시험 합격자에 한해서 입학할 수 있었다. 졸업 후에는 각 과정 중의 혜택에 따라 의무 복무 기간을 이행해야 했는데, '보통과'와 '연습과'를 거친 관비졸업자는 7년을, 사비졸업자는 3년을 보통학교나 소학교에서 근무해야 했으며, 또 '연습과'만을 거친 관비졸업자에게는 2년, 사비졸업자는 1년의 의무 복무기간을 부여하였다.

이처럼 강점초기에는 관립이나 공립사범학교라는 독립된 교원양성기관을 설치하여 식민지 교육목적에 합당한 교원으로 양성하려 하는 한편, 사범학교 이외의 교원양성과정에 의하여 교원을 선발하기도 하였다. 이러한 점은 교원의 선발기준에서 다양성을 보여줌으로써 장점으로 작용하기도 하였으나, 교원의 수준 격차라는 문제성을 드러내기도 하였다.

1922년에 〈제2차 조선교육령〉이 공포된 이후 초등교원 양성에 관한 정책에도 변화가 일어난다. 조선총독부는 기존의 다양한 교원양성과정을 정리하고, 관공립사범학교를 위주로 하여 교원양성교육을 실시하도록 하였다.

공립사범학교는 1922년 〈제2차 조선교육령〉과 〈사범학교규정〉에 의해 1922년부터 1923년까지 12개 도에 공립특과사범학교 형태로 설치되었다. 공립사범학교의 특과에는 2년제 고등소학교 졸업자 또는 이와 동등 이상의 학력이 있는 자가 입학 할 수 있었다. 학년은 3학기로 나뉘어져 운영되었으며, 수업연한은 처음에는 2년이었다가 1924년부터 3년으로 연장되었다. 특과의 교과목으로는 수신, 교육, 국어, 역사, 지리, 수학, 이과, 도화, 수공, 음악, 체조, 농업, 조선어 및 한문이 부과되었다. 생도에게는 학자금과 기숙사가 제공되었는데 이러한 혜택은 복무 의무와도 연결되어 3년제 특과 관비 졸업자는 4년의 의무 복무 기간을, 2년제 관비 졸업자는 3년, 특과 사비 졸업자는 2년의 복무 기간을 이행해야 했다. 그럼에도 이러한 조치와는 별도로 관립중등학교에 부설했던 사범과를 1925년까지 계속 유지시켰는데, 이는 부족한 초등교원을 양산하기 위한 것이었음을 알 수 있다.

한편 교원의 직급과 그 자격시험에 관한 내용은 1911년 10월에 내려진 〈조선총독부령 제88호〉에 제시되어 있는데, 그 내용을 살펴보면 교원의 직급은 교장, 교감, 훈도, 부훈도, 대용교원, 강사로 되어 있다. 그리고 자격시험을 3종으로 나누어, 제1종은 소학교 및 보통학교의 훈도, 제2종은 보통학교 훈도, 제3종은 보통학교 부훈도에 임명함을 명시하고 있다. 이 때 제2종과 제3종 시험은 조선인만 치를 수 있었으며, 제3종 시험 교과목은 수신, 교육, 국어, 조선어 급 한문, 산술, 이과, 체조, 도화, 실업(여자의 경우 재봉 및 수예, 남자의 경우 농업, 상업 중 1과목)으로 하였다.[15]

〈제2차 조선교육령〉 기간 동안은 교원자격시험에도 간간히 변화가 있었

---

15) 조선총독부(1911), 「관보」, 1911. 10.

는데, 1922년 4월 8일 〈조선총독부령 제58호〉에 의한 변화로는, 시험은 종전과 같이 3종으로 나누었고, 제1종 시험과목 및 그 정도는 남자에 있어서는 사범학교 남생도, 여자에 있어서는 사범학교 여생도에 관한 학과목 및 그 정도에 준하는 정도로 하였다. 또한 소학교 교원자격을 가진 자에게는 '영어' 및 '조선어' 과목을 부가하고, 보통학교 교원자격을 가진 자에게는 '영어'와 '농업' 혹은 '상업'과목을 부가하였다. 제2종 시험의 시험과목 및 그 정도는 남자에게는 사범학교 특과 남자생도에, 여자에게는 사범학교 특과 여생도에 부과한 학과목 및 그 정도에 준하도록 하였으며, 그 중 소학교 교원자격을 가진 자는 '조선어'와 '농업' 혹은 '상업'과목에서 선택하도록 하였다. 제3종 시험은 국어(일본어) 상용자로, 한국인에 한하여 치르도록 하였는데, 제3종 시험에 급제한 자에게 제2종 시험을 치를 수 있게 하고, 제2종 시험에 급제한 자에게는 제1종 시험을 치를 수 있는 자격을 주었다.[16]

교원자격시험과 관련된 정책은 이듬해인 1923년에 다시 한 번 개정된다. 제1종 시험은 조선총독부에서, 제2종, 제3종 시험은 각 도에서 시행하도록 하였는데, 일본인 교원임용과 관련된 사항은 조선총독부에서 행하고, 한국인 교원임용과 관련된 사항은 각 도에서 행하도록 한 것이다.[17] 이러한 정책은 더 확장되어 1925년에는 제1종에서 제3종까지 모든 교원시험과 관련된 정책 권한을 각 도로 이양[18]하게 된다.

---

16) 김경자 외 공저(2005), 앞의 책, pp.185~186 참조.
17) 조선총독부(1923), 「관보」, 1923.4.18.
18) 조선총독부(1925), 「관보」, 1925.12.23.

4. 第二期『普通學教國語讀本』의 표기 및 배열

　第二期『普通學教國語讀本』은 3·1운동 이후 문화정치를 표방하면서 일본 본토의 교육과 차별 없이 실시한다는 '일시동인'에 중점을 둔 일제의 식민지 교육정책에 의하여 1923년부터 1924년에 걸쳐 모두 8권이 편찬되게 된다. 이의 편찬을 담당한 사람은 당시 조선총독부 학무국 소속 교과서 편수관이었던 아시다 에노스케(芦田惠之助)였다. 일본 국정교과서 편찬에도 참여했던 아시다는 〈제2차 조선교육령〉의 취지에 입각하여 '내선융화(內鮮融和)'의 길을 다각적으로 모색하여 교과서에 반영하였기 때문에, 第二期『普通學教國語讀本』에는 그 실체가 구체적으로 제시되어 있다.

　〈제2차 조선교육령〉의 가장 큰 변화는 '내지연장주의 교육'이라는 취지 아래 일본의 소학교와 동일한 학제를 유지하기 위하여 보통학교 학제를 6년제로 개편한 점이다. 그런데 학제개편에 따른 교과서 출판이 원활하지 못한 관계로 조선총독부에서 편찬한 교과서는 1～4학년용 8권만이 출판되었으며, 5～6학년 교과서는 급한 대로 문부성 발간 『尋常小學國語讀本』을 그대로 가져와 사용하게 되었다. 이에 대한 출판사항은 〈표 3〉과 같다.

〈표 3〉 第二期에 사용된 日本語教科書의 출판사항

卷數	출판년도	사이즈		課	頁	정가	학년 학기
		縱	橫				
朝鮮總督府　第二期　『普通學校國語讀本』1923～1924년							
卷一	1923	22	15	27	58	13錢	1학년 1학기
卷二	1923	22	15	30	82	14錢	1학년 2학기
卷三	1923	22	15	30	96	15錢	2학년 1학기
卷四	1923	22	15	26	98	16錢	2학년 2학기
卷五	1923	22	15	26	106	17錢	3학년 1학기
卷六	1923	22	15	26	110	17錢	3학년 2학기

卷七	1924	22	15	26	110	18錢	4학년 1학기
卷八	1924	22	16	26	112	18錢	4학년 2학기
계				217	772		
文部省　第三期　『尋常小學國語讀本』1922～1923년							
卷九	1922			25	123	非賣品	5학년 1학기
卷十	1922			27	134	非賣品	5학년 2학기
卷十一	1922			28	130	非賣品	6학년 1학기
卷十二	1923			27	138	非賣品	5학년 2학기
계				107	525		

〈표 3〉에서 알 수 있듯이 〈제2차 조선교육령〉시기에 교육된 '國語(일본
어)'교과서는 조선총독부 발간 『普通學校國語讀本』이 1학년부터 4학년까
지 8권으로 되어 있으며, 문부성 발간 『尋常小學國語讀本』은 5학년부터
6학년까지 4권으로 되어있다.

1911년에 제정된 〈普通學校施行規則〉에 의해 1913년부터는 신규편찬
(新規編纂)의 교과서에 대해서는 자비구입이라는 원칙에 따라 第二期 『普
通學校國語讀本』의 가격은 13錢～18錢으로 책정이 되어 있다. 이는 第一
期 『普通學校國語讀本』이 각 6錢의 저가로 보급했던데 비해, 대한제국기
學部편찬 교과서의 가격(각 12錢)으로 회귀한 면을 보인다. 뿐만 아니라
第二期 『普通學校國語讀本』은 〈표 3〉과 같이 학년에 차등을 두어 지면의
양에 비례하여 실비로 공급한 듯한 인상을 풍긴다. 이러한 점은 문부성
발간 『尋常小學國語讀本』이 무상공급인 것과 상대적으로 대조를 이룬다.

第二期 『普通學校國語讀本』의 특징은, 第一期와 마찬가지로 띄어쓰기
가 없는 일본어 표기에서 저학년(1, 2학년)용에 띄어쓰기가 채용된 점이다.
이 역시 모어(母語)를 달리하는 조선 아동이 처음 일본어로 된 교과서에
쉽게 접근할 수 있게 하기 위함이었을 것이다.

第二期 『普通學校國語讀本』은 그 구성면에서 第一期에 비해 유화적인

면을 엿볼 수 있다. 먼저 삽화를 보면 군복차림의 선생님을 제시하여 위압적인 분위기를 조장하였던 1기에 비해, 2기에서는 모두 말쑥한 양복차림으로 등장하여 한층 유화적인 분위기로 변화하였다. 또한 일장기의 등장 횟수도 1기의 10회였던 것에 비해, 2기에는 3회에 그치는 것으로 사뭇 변화된 모습을 보이고 있다. 그리고 당시 총독부 학무국의 "조선에서 조선인을 교육할 교과서는 조선이라는 무대를 배경으로 하여야 함이 당연하다."[19]는 편찬방침에 따라 조선의 민화와 전설, 그리고 조선의 衣食住를 들어 채택하였으며, 삽화의 배경에 있어서도 조선의 것이 채택되었는데, 예를 들면 한복, 초가지붕, 민속놀이, 갓을 쓴 선비, 조선의 장독대, 그리고 일반 민중이 주로 이용하는 5일장의 모습을 교과서에 수록함으로써 친근감을 유발하였다.

第二期『普通學校國語讀本』에는 당시 식민지 교육정책이 그대로 반영되어 '일시동인'과 '내지연장주의'에 의한 동화정책을 꾀하는 한편 내부적으로는 실업교육을 강조하고 있었다. 때문에 '國語'교과서의 특성상 당연히 지배국의 언어교육에 중점을 두어 국체의 이식을 꾀하였으며, 여기에 국민으로서의 성격함양을 추구하는 내용을 여러 각도로 제시하여 동화교육을 실행해 나가는 한편, 실생활에 必修한 실용교육을 가정 및 사회생활 교육과 농업, 공업, 상업 등으로 연결되는 실업교육에 관련된 내용을 수록함으로써 이후의 물적자원 수탈을 위한 식민지 교육목적에 부합하는 국민양성에 힘썼음을 알 수 있다.

---

19) 조선총독부(1923), 『조선교육례개정에따른신교과용도서편찬방침』, p.17.

5. 보통학교 교과서와 교육상의 지침

1914년 일제가 제시한 보통학교 교과서 편찬의 일반방침은 앞서 제정, 선포되었던 「敎授上의 注意 幷 字句訂正表」의 지침을 반영하고 기본적으로 〈조선교육령〉과 〈보통학교규칙〉에 근거를 둔 것이었다. 이에 따라 교과서 기술에 있어서도 「朝鮮語及漢文」을 제외하고는 모두 일본어(國語)[20]로 통합하여 기술하였고, 1911년 8월에 조선총독부가 편찬한 『국어교수법』이나, 1917년에 주로 논의되었던 교육상의 교수지침에서도 '풍속교화를 통한 충량한 제국신민의 자질과 품성을 갖추게 하는 것임'을 명시하여 초등교육을 통하여 충량한 신민으로 교화시켜나가려 하였다.

1906년부터 조선어, 수신, 한문, 일본어 과목의 주당 수업시수를 비교해 놓은 〈표 4〉에서 알 수 있듯이, 수업시수는 1917년 일본어 10시간에, 조선어(한문) 5~6시간이었던 것이, 1938~1941년에는 수신 2시간, 일본어 9~12시간, 조선어 2~4시간으로 바뀌었으며, 이때의 조선어는 선택과목이었다. 그러다가 1941~1945년에는 조선어가 아예 누락되고 수신(국민도덕 포함) 및 일본어가 9~12시간으로 되어 있다. 이는 일본이 태평양전쟁을 전후하여 창씨개명과 징병제도를 실시하면서 민족말살정책을 점차 심화시켜 가는 과정으로 이해될 수 있다. 관련과목의 학년별, 과목별 주당 수업시수는 아래 〈표 4〉와 같다.

---

20) 일본어가 보급되기까지 사립학교 생도용으로 수신서, 농업서 등에 한하여 별도로 朝鮮譯書로 함

〈표 4〉 조선에서의 수신·조선어·한문·일본어의 주당 수업시수

학년	통감부(1907)				제1기(1911)			제2기(1922)			제3기(1929)			제4기(1938)			제5기(1941)
	수신	조선어	한문	일어	수신	국어(일어)	조선어 및 한문	수신	국어(일어)	조선어	수신	국어(일어)	조선어	수신	국어(일어)	조선어	국민과(수신/국어)
제1학년	1	6	4	6	1	10	6	1	10	4	1	10	5	2	10	4	11
제2학년	1	6	4	6	1	10	6	1	12	4	1	12	5	2	12	3	12
제3학년	1	6	4	6	1	10	5	1	12	3	1	12	3	2	12	3	2 / 9
제4학년	1	6	4	6	1	10	5	1	12	3	1	12	3	2	12	3	2 / 8
제5학년								1	9	3	1	9	2	2	9	2	2 / 7
제6학년								1	9	3	1	9	2	2	9	2	2 / 7
합계	4	24	16	24	4	40	22	6	64	20	6	64	20	12	64	16	62

* 제1기(보통학교시행규칙, 1911. 10. 20), 제2기(보통학교시행규정, 1922. 2. 15), 제3기(보통
학교시행규정, 1929. 6. 20), 제4기(소학교시행규정, 1938. 3. 15), 제5기(국민학교시행규정,
1941. 3. 31)

초등학교에는 合科的 성격의 「國民科」, 「理數科」, 「體鍊科」, 「藝能科」,
「實業科」라는 5개의 교과가 있었는데, 그 중의 「國民科」는 修身, 國語, 國
史, 地理의 4과목으로 이루어져 있다. 國語, 國史, 地理의 合本的 텍스트로
「國民科」의 4분의 3을 입력한 교과서 『普通學校國語讀本』의 내용 역시
「修身」 교과서와 같이 품성의 도야, 국민성 함양을 목표로 하고 있다. 또한
「朝鮮語 及 漢文」 과목의 교재도 『普通學校國語讀本』과 마찬가지로 일본
천황의 신민에 합당한 국민성을 함양케 하는 데 치중하고 도덕을 가르치며
상식을 알게 할 것에 교수목표를 두고 있다.

朝鮮統監府 및 朝鮮總督府의 관리하에 편찬 발행하여 조선인에게 교육
했던 일본어 교과서를 ‘統監府期'와 ‘日帝强占期'로 대별하고, 다시 日帝强
占期를 ‘1期에서 5期로 분류하여 ‘敎科書名, 編纂年度, 卷數, 初等學校名,
編纂處' 등을 〈표 5〉로 정리하였다.

〈표 5〉 朝鮮統監府, 日帝强占期 朝鮮에서 사용한 日本語敎科書

區分	期數別 日本語敎科書 名稱			編纂年度 및 卷數	初等學校名	編纂處
統監府期	普通學校學徒用 日語讀本			1907~1908 全8卷	普通學校	大韓帝國 學部
日帝强占期	訂正 普通學校學徒用國語讀本			1911. 3. 15 全8卷	普通學校	朝鮮總督府
	一期	普通學校國語讀本		1912~1915 全8卷	普通學校	朝鮮總督府
		改正普通學校國語讀本		1918 全8卷		
	二期	普通學校國語讀本		1923~1924 全12卷	普通學校	(1~8)朝鮮總督府 (9~12)日本文部省
	三期	普通學校國語讀本		1930~1935 全12卷	普通學校	朝鮮總督府
		改正普通學校國語讀本		1937 全12卷		
	四期	初等國語讀本 小學國語讀本		1939~1941 全12卷	小學校	(1~6)朝鮮總督府 (7~12)日本文部省
	五期	ヨミカタ	1~2학년 4권	1942 1~4卷	國民學校	朝鮮總督府
		初等國語	3~6학년 8권	1942~1944 5~12卷		

　　第二期 『普通學校國語讀本』은 문화정치를 표방한 초등교육의 텍스트였지만 일제의 정치적 목적에 의해 편찬된 第一期 『普通學校國語讀本』과 크게 다르지 않은 초등교과서로, 조선인을 일제가 의도하는 천황의 신민으로 육성하는 것을 목표로 편찬된 초등학교용 교과서라 할 수 있을 것이다.

2016년 8월 9일
전남대학교 일어일문학과 교수 김순전

《朝鮮總督府編纂 第Ⅱ期 初等國語 編著 凡例》

1. 권1은 1학년 1학기, 권2는 1학년 2학기,........
   권8은 4학년 2학기, 권12는 6학년 2학기로 한다.
2. 원본의 세로쓰기를 편의상 좌로 90도회전하여 가로
   쓰기로 한다.
3. 신출단어 및 자형비교의 상란은 좌란으로 한다.
4. 방점(傍點)은 상점(上點)으로, 방선(傍線)은 하선(下
   線)으로 표기한다.

文部省編纂(1922～1923)

『尋常小學 國語讀本』

卷九

第5學年 1學期

尋常
小學
國語讀本　卷九

文部省

もくろく

第一　今日

古

ふけ行く夜のしづけさよ。
あらゆるものはやみといふ。
黒きとばりにおほはれて、
安き眠に入れるなり。

ひとり目ざむる古時計。
夜をいましむる夜まはりの
拍(ひやう)子木のごと、かちかちと
さびしく時をきざみ行く。

雞

きざみきざみて、明方の
雞鳴けば、夜のとばり
しづかにあきて、ほのぼのと
東の窓はしらみたり。

よき日は明けぬ、さわやかに。
朝日は出でぬ、花やかに。
いざ、起出でて、勇ましく
我もはげまん、今日の業。

業

第二 トラック島便り

三月二十五日お出しのお手紙を昨日受取りました。おとうさんはじめ皆様お元氣で何よりです。叔父さんも相かはらず丈夫で島々を廻つてゐるから、安心して下さい。

此のトラック島へ來てからもう三月になるので、土地の様子も一通りはわかりました。冬でも春でもこちらではちやうど内地の夏のやうです。暑さも年中此のくらゐのものださうで、かねて思つてゐたとは違ひ、なかなか住みよいところのやうです。それに此の邊一帶の島々は我が國の支配に屬してゐるので、内地から移つて來た人も多く、少しもさびしくはありません。

廻
島
土

邊(辺)
帶
屬(属)

移

殊

幹

肉
油

内地から来て先づ目につくのは植物で、其の中でも殊に珍しいのはコ、椰子(やし)の木やパンの木などです。コ、椰子は、高いのは十四五間もあります。鳥の羽に似た大きな葉が、幹の上方に集つてついてをり、其の葉の根本には、大人の頭ぐらゐの實がすゞなりになつてゐます。實の中にはかたい殻(から)があつて、其の内がはに白い肉のやうなものがあります。これから椰子油を取り、石鹸(けん)・蠟燭(らふそく)などを造るのださうです。まだ十分にじゆくしてゐない實は、中にきれいな水があります。これがなかなかうまいもので、

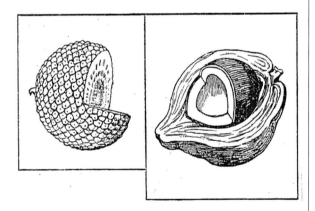

私たちもよく取つて飲みます。又パンの木も所々に美しい林をつくつてゐます。

食	其の實は土人の一番大事な食料で、燒いて食べたり、餅にして食べたりします。味はまことにあつさりしたものです。
茂	珍しい植物は此の外にもまだたくさんあります。これ等の植物が思ふまゝに茂つてゐる様子は實に見事です。殊に毎日のやうに降るにはか、雨が非常な勢で木を洗ひ草を洗つて通り過ぎた後の、あざやかな綠の世界は、何ともたとへやうのない、氣持のよいものです。水の乏しい此の島々では、其の雨水がまた大切な飲料水となるのです。
乏 飲	
靜 底 紫 群	海の中もなかなかきれいです。水のすんでゐる事はかくべつで、波の靜かな所でふなばたからのぞいて見ると、美しい海底のありさまが手に取るやうによく見えます。青・綠・紅・紫、目のさめるやうに美しい魚の群が、珊瑚(さんご)の林や海藻の間をぬつて泳いで行く。何だかおとぎばなしの世界にでもまよひこんだやうです。
性	土人はまだよく開けてゐませんが、性質はおとなしく、我々にもよくなつき、殊に近年我が國で學校をそここゝに立てた

供

便

ので、子供等はなかなか上手に日本語を話します。此の間も十ぐらゐの少女が「君が代」をうたつてゐました。

いづれ又近い中に便りをしませう。おとうさんやおかあさんによろしく。

　四月十日　　　　　　　　　　叔父から

　　松太郎殿

第三　弟橘媛

勅 亡 既 俄 荒 危	景行天皇の皇子日本武尊(やまとたけるのみこと)、蝦夷(えぞ)を平げよとの勅命を奉じて、東國の方に下り給ひき。駿河(するが)の賊を亡し給ひし後、相模(さがみ)の國より上總(かづさ)の國へこえんとて、今の浦賀(うらが)のあたりより海を渡り給へり。 既に大海に出で給ひしに、大風俄に吹來りて、波すさまじく荒れくるひ、御船少しも進まず、今にもくつがへらんばかりなりき。其の時、御供にしたがひ給へる弟橘媛(おとたちばなひめ)、尊の御身危しと見給ひ、

　　「これ海神のたゝりならん。われ皇子の
　　　御身代りとなりて海に入り、神の御心
　　　をなだむべし。皇子は勅命を果して、
　　　めでたく都に歸り給へ。」

敷皮 重	といひて、菅筵(すがむしろ)八枚、敷皮八枚、き ぬの敷物八枚を波の上に敷重ね、其の上に飛下 り給へり。 ふしぎや、今まで荒れに荒れゐたる大海、おの づから静まりて、おだやかなる凪(なぎ)となり、 尊はつゝがなく上總の國に着き給ひきといふ。

第四 養雞

朝早く起きて、井戸端に出づ。井戸に近き柿の木の、日ましにのびゆく若芽のうす綠、見るに氣持よし。顔を洗ひをはりて、いつもの如く、庭のすみなるとやの戸を開く。待ちかねたる雞ども、我先にと走り出づ。中に入りてひよこの箱をかゝへ出し、軒下なるかこひの中にひよこを放つ。綿毛に包まれたるひよこども、小さき聲をたてつゝ、ちよこちよことかけ廻る。

妹は餌(ゑ)箱を持ちて、とやの前に來る。親どりどもすぐに見つけて、其の足もとにむらがる。妹は餌をつかみて、わざと少しはなれたるきりの木のあたりにまきちらせば、雞はあわてて其の方へ行く。白・黒うすかば色、十幾羽の雞一つにかたまり、頭と頭とをつき合はせて、いそがしげに餌を拾ふ。妹はやがてかこひ近く歩みよれば、中なるひよこどもは小さき口を開きて、ぴよぴよと鳴きつゝかこひぎはに集る。毎日世話し居ることとていづれの雞も皆かはゆき中に、ひよこは一そうかはゆく思はる。妹も同じ心にや、しばし見とれてひよこのそばをはなれず。

物置の前なるあき箱より、しゞみの殻(から)を取

雞

出し、細かに打ちくだく。其の音を聞きつけてかけ來り、飛びちりたる貝のかけを、すばやくついばみたるは眞白なるめんどりなり。くだきたる貝殻を器に入れてあたふるに、これには餌の時のやうに集らず。

とやの内に入りて見るに、敷藁(わら)の中に見事なる卵二つころがれり。昨日の午後に産みたるなるべし。妹の置きて行きたる餌箱に入れて持歸り、茶の間の戸棚の中にしまふ。机の引出より養雞日記を出し、「四月二十五日朝、卵二つ。」と記入す。父上の命にて、養雞は今年より僕等の仕事となり、日記をも渡されたれば、雞の事は總べて之に記入し置くなり。

朝飯を終へて、妹と共に學校に行く。出がけにとやの方を見れば、めんどりはせはしげに幾度か土をかきちらして、餌をあさるにいそがしく、をんどりは箱のふちをふまへて、首をすゑ、むねを張り、今やときをつくらんとする様なり。

第五　動物ノ色ト形

色 保護 容易 都合 例 蝶 菜 根 雷 枯 例	多クノ動物ヲ注意シテ見ルト、イロイロ珍シイ事ガアルノニ氣ガツク。中デモ面白イノハ、或動物ノ體色ガマハリノ物ノ色ニ似テヰルコトデアル。コンナ體色ヲ保護色トイフ。保護色ヲモツテヰルト、マハリノ色ニマギレテ、容易ニ他ノ動物ニ見ツケラレナイ。シタガツテ敵ニオソハレル心配モ少ク、又コチラカラ敵ヲオソフノニモ都合ガヨイノデアル。 保護色ノ例ハイクラモアル。田ニ住ム土蛙ハ土色、木ノ葉ニ宿ル雨蛙ハ緑色。黄色ナ蝶ハ菜ノ花ニムラガリ、白イ蝶ハ大根ノ花ニ集ル。沙漠(サバク)地方ニ居ルラクダハ灰色デ、雪ノ中ニ住ム北極熊(ホクキョクグマ)ハ眞白デアル。 保護色ヲモツテヰルモノノ中ニハ、季節ニヨツテマハリノ物ノ色ガカハレバ、ソレニツレテ同ジヤウナ色ニカハルモノモアル。北國ニ住ム野ウサギヤ高山ノ上ニ居ル雷鳥ハ、夏ハ褐色(カッショク)デ、枯葉ヤ土ノ色ニ似テヰルガ、冬ニナツテ雪ガ降リツモルト、眞白ニナル。又季節ニヨツテカハルクラヰデナク、何時デモマハリノ物ノ色ガカハレバ、間モナクソレニ似タ色ニカハルモノモアル。例ヘバ雨蛙ハ緑色ノ葉ノ上ニ

姿

端

裏

居ル時ハ緑色デアル
ガ、枯木ニ移レバ枯木
ニ似タ色ニナル。

保護色ヲモッテキル上
ニ、其ノ動物ノ姿勢ニ
ヨッテ、形マデマハリ
ノ物ニ似テ見エルモノ

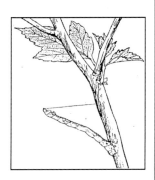

モアル。桑ノ木ニ居ルエダシヤクトリハ、其ノ
色ガ桑ノ木ニ似テキルバカリデナク、體ノ後ノ

端ヲ木ニツケテ、體ヲ
ナ、メニツキ出スト、形
ガ桑ノ小枝ニ寸分違ハナ
イ。所ニヨッテ此ノ蟲ヲ
ドビンワリト呼ンデキル
ノハ、農夫ナドガ小枝ト
見違ヘテ、ドビンヲ掛

ケ、落シテワルトイフ意味デアラウ。又沖縄ニ

産スル木ノ葉蝶ハ、其
ノ羽ノ表ノ方ニハ美シ
イ色ドリガアルガ、裏
ハ枯葉ニ似テキルノ
デ、羽ヲトヂテサカサ
ニ草木ノ枝ニ止ツテキ

掛	ルト、マルデ枯葉ガ引掛ツテキルヤウニ見エル。シカシサラニコレヨリモ色ヤ形ガウマク出來テキルノハ、印度ニ産スルカマキリノ一種デアラウ。此ノ蟲ハ主ニ蘭(ラン)ニ止ツテキテ、外ノ蟲ヲトツテ食フモノデアルガ、羽ヲ廣ゲテキルト、全ク蘭ノ花ト同ジヤウデ、ナカナカ見分ケガツカナイサウデアル。
反 鮮 器	又或動物ハ保護色トハ反對ニ、マハリノ物トマギレナイヤウナ鮮カナ體色ヲモツテキル。コレ等ハ大テイ他ノ動物ノ恐レル武器ヲソナヘテキルカ、イヤガル味ヤニホヒノアルモノデ、之ニ近ヅカウトスルモノガナイカラ、タヤスク見トメラレル方ガカヘツテ安全ナノデアル。此ノ類
警戒 峰 臭	ノ色ヲ警戒色トイフ。例ヘバ毒ヲモツテキル蜂ノ體色ガ黄ト黒ノダンダラニナツテヲリ、惡味ヤ惡臭ノアル蝶ノ羽ニハ美シイ色ドリガアルヤウナモノデアル。
	動物ノ形ヤ色デモ、注意シテ調ベテミルト、コノヤウニイロイロフシギナ事ガアル。ホンタウニ面白イデハナイカ。

第六　五代の苦心

病みつかれた六十ばかりの老人が、ふとんの上に起直つて、十五六の少年に、熱心に何か言聞かせてゐる。少年はひざに両手をついて、老人の顔をじつと見つめながら聞いてゐる。

まくらもとに置いてある行燈（あんどん）の光はうす暗く、たて切つてあるしやうじのやぶれを、秋風がはたはたとあふる。

　「これまでも折々話した通り、四代前の歡庵（くわんあん）様が、國利民福の本は農業を盛にするにあるとお氣づきになつて、始めて農學をお修めになり、りつぱな書物もお書きになつた。それから元庵様・不昧軒（ふまいけん）様、二代つゞいて、其のお志をおつぎになり、一そう研究を進められた。しかし此の農學といふ學問は、種々様々の事を、實地と學理の両方から調べて行かねばならぬので、三代かゝつても、まだ全く手の着かない事が少くなかつた。そこで此の父も、何とぞ此の學問を大成したいと、四十餘年の間、寝食を忘れて其の道の書物を讀み、國々の實地を調べ、本もあらはし、出來るだけは骨折つたつもりである。しかし思ふ程に仕事は出來ず、其の上政治上の

病

福

修

志
研究

寝
讀

政

終

事で度々殿様に上書した爲、役人ににくまれて、終には國を立ちのかねばならぬやうになつた。それから諸國を歩き廻つたすゑ、あの毎日見舞に來てくれる門人たちに頼まれて、此所の銅の製法を改良したり、新しい鑛(くわう)山を開いたりする爲に、此の山中へ來たのである。しかし此の分では、わたしの命は、とても仕事の出來上るまでもつまいと思ふ。」

老人は大分つかれたやうである。少年はてつびんの湯をついで老人にすゝめた。老人は一口飲んで横になつた。

少したつて、今度は寝たまゝぽつぽつと話し出した。

「歡庵様は佐藤の家の農學の本をお開きなされ、元庵様はおもに氣候と農業との關係をお調べなされたが、おぢい様の不昧軒様はまた、地質や鑛物の方で新しい發見をなされた。此の方々のお書きになつたものは、大てい此所に持つてゐる。其の本については、後に又言聞かせるが、大體一身一家の爲でなく、一すぢに國の爲、民の爲につくすといふお考は、どなたも皆同じ事で、これが佐藤の家の學問の精神である。わたしも此の精神にもとづいて、主に海産物や水利の事を調べて、くはしく計畫(くわく)を立てた事もあるが、いろいろの差支があつて、實行が出來ずにしまつた。これはまことに殘念な事である。しかしわたしの四十年の骨折は、農學の進歩の爲には決してむだでなかつたと思ふ。

此の四代の苦心の後を受けて、國家の爲に、此の學問を大成するのがお前の役目だ。十六のお前が、旅費も乏しい旅先で親に別れては、さぞ心細くもあらう、又つらい事もあるであらうが、父の此の願だけは、しかと心にとめて置いて、必ず仕とげてもらひたい。それにはわたしが死んでも

國へ歸らずに、すぐに江戸へ出て、りつぱな學者を先生にして、一心に學問をはげむがよい。古人も『志ある者は事終に成る。』と言つてゐる。」

目に涙を一ぱいためて聞いてゐた少年は、固い決心を顔にあらはして、實行をちかつた。父は安心した樣子で、やがてすやすやと眠つた。

これは今から百三十年ばかり前に、下野(しもつけ)の國足尾山中の旅人宿で起つた事で、此の老人こそは出羽の國の醫者佐藤信季(のぶすゑ)、少年は其の子信淵(のぶひろ)である。信季は其の後幾日かたつて、とうとう此の宿でなくなつた。信淵は父の門人たちの情で、形ばかりの葬式をすますと、間もなく江戸へ出て、宇田川玄隨(うだがはげんずる)・大槻玄澤(おほつきげんたく)などの人々をたよつて、一心に西洋の學問を勉強した。さうして終に當代第一の農學の大家となつて、國家の爲に富源を開發することが甚だ多かつた。

歡庵以來代々力をつくして來た農學は、信季の望通り、信淵に至つて大成したのである。

葬 形

開 富

第七 ナイヤガラの瀧

瀧
境

壯觀

盛
波紋

世界一といはれるナイヤガラの瀧は、アメリカ合衆國とカナダとの國境にあります。廣さが千數百方里もある、海のやうな湖から流れる大きな河が、一大絶壁をみなぎり落ちるのですから、其の壯觀はとても筆や口にはつくされません。物すごいひびきは萬雷の如く、大地もふるひ、數百步はなれた所でも、器に盛つた水が波紋をゑがく程です。

瀧は、落口にあるゴート島といふ小島の爲に二つに分れてゐます。右にあるのがアメリカ瀧、左にあるのがカナダ瀧で、此の二つを合はせてナイヤガラの瀧といふのです。瀧の幅は、アメリカ瀧が百餘丈、カナダ瀧が三百餘丈、高さはどちらも十五六丈あります。

遊覽	瀧の上手にかけた石橋を渡り、木立の深いゴート島に行つて、もうもうと立ちこめる水煙の間から近く瀧をながめるのもよく、下手へ廻つて、カナダの方からはるかに全景を見渡すのも面白い。殊に遊覽船に乗つて、頭から雨のやうなしぶきを浴びながら、瀧つぼを見物して廻るのは、實に壯快です。

第八　若葉の山道

だらだら坂を登りきると、道は低いみねづたひになる。何時もはうす暗い程茂り合つてゐる雨がはの木立も、まだ若葉だけに、下草まで見えるぐらゐ明るい。其所の木のかげ、此所の石のそばには、やぶかうじの赤い實に並んで、春蘭(しゆんらん)のつぼみのふくらんだのも見える。しつとりとしめりを帶びた一すぢの道が、足もとからうねうねとつゞいて、やがて茂みの中にかくれてしまふ。

「もう一息だ。」さう思ひながら足を早める。かんかんとこずゑをてらしてゐる十時過ぎの日かげが、若葉の色を下に投げるのか、手もうす緑、足もうす緑、帶も着物も皆うす緑。あたりの空氣までが何となくぼうつとして、ふろしき包をしよつたせなかがじつとりと汗(あせ)ばんで來る。

目じるしの大けやきの所まで來た時、急にかん高い音を立てて、美しい小鳥が二三羽、身がるに枝移りした。すると木のうろから、栗鼠(りす)が一匹、けろりとした顔を出したが、僕の姿を見ると、太い尾をちらりと見せて、急にまた穴にかくれてしまつた。

道がだんだん上りになつたと見えて、谷のこずゑごしに、遠い湖がちらちらと見えて來た。空ははてもなくすんで、所々にちぎれ雲が飛んでゐる。みねからすそにかけての若々しいこずゑの色は、強い日光を浴びて、一面に煙つてゐる。道端の切りかぶに腰かけて、

音

ひたひの汗をふいてゐると、そよそよと吹く風につれて、若葉のにほひがひしひしと身にせまつて來る。うす紅のかへで、銀ねずみ色の楢(なら)、黄の勝つた綠のけやき、どの木を見てもなつかしい。

「此の坂を下りて、あの清水の所まで行くと、石井君のうちが見えるはずだ。」と、此の前來た時の事を考へながら、出後れのわらびを一本折つて、又歩き出す。腹が大分すいて來た。もうお晝頃だらう。

やうやく清水まで來て、手の切れるやうにつめたいのを二三ばいつゞけ様に飲んでゐると、大きな青大將が、向ふの水たまりの所をうねつて、のろのろと草の中にかくれて行く。それをじつと見送つてゐると、

「やあ、加藤君、よく來てくれたね。」

と、聲をかけた者がある。頭を上げてみると、それは石井君であつた。

第九　両將軍の握手

リエージュの要塞(えうさい)に立てこもりたるベルギーの勇將レマンは、部下の將卒をはげましはげまし、エンミッヒ將軍のひきゐたるドイツの大軍を物ともせず、勇ましく防ぎ戦ひたり。されど此類なき四十二センチメートルの大口徑(けい)砲の威力に對しては、正義の念と愛國の情とに死を恐れざるベルギー軍の防戦も、終に如何ともしがたく、要塞は全く破くわいせられ、將卒は多く戦死せり。

レマン將軍も、火藥の爆(ばく)發によりて起れるガスの爲に室(ちつ)息し居たるを、ドイツ兵に發見せられて、野戦病院に送られたり。

後日レマン將軍が捕虜(ほりよ)としてエンミッヒ將軍の前に引出されし時、エンミッヒ將軍はみづから進んで握手を求め、

卒

正
情
防
破

息

握

歡
譽

胸
劒

強
止

「閣下の防戰はまことに見事であつた。」
と感歎せるに、レマン將軍は靜かに、
　「おほめにあづかつて恐れ入る。しかし部下
　の者は、最後までベルギーの名譽をけがさ
　なかつたつもりである。」
と答へたり。
やがてレマン將軍は、萬感胸にみちて、かすか
にふるふ手に帶劒をときて渡さんとするを、エ
ンミッヒ將軍は
　「いや、それには及ばん。閣下の劒は軍人の
　魂として少しも名譽をきずつけなかつ
　た。」
と、強ひて之をおし止めたり。
レマン將軍の目には涙ありき。

第十　水師營の會見

師

弾丸屋

旅順開城約成りて、
敵の將軍ステッセル
乃木大將と會見の
所はいづこ、水師營。

庭に一本なつめの木、
弾丸あともいちじるく、
くづれ殘れる民屋に、
いまぞ相見る二將軍。

謝	乃木大將はおごそかに、 御めぐみ深き大君の 大みことのりつたふれば、 彼かしこみて謝しまつる。
備	昨日の敵は今日の友、 語る言葉もうちとけて、 我はたゝへつ、彼の防備。 彼はたゝへつ、我が武勇。
正	かたち正していひ出でぬ、 「此の方面の戰鬪(とう)に 二子をうしなひ給ひつる 閣下の心如何にぞ。」と。
目	「二人の我が子それぞれに、 死所を得たるを喜べり。 これぞ武門の面目。」と、 大將答力あり。

兩將晝食(ひるげ)共にして、
なほもつきせぬ物語。
「我に愛する良馬あり。
今日の記念に獻(けん)ずべし。」

厚

受領

「厚意謝するに餘りあり。
軍のおきてにしたがひて、
他日我が手に受領せば、
長くいたはり養はん。」

「さらば」と、握手ねんごろに、
別れて行くや右左。
砲(つゝ)音たえし砲臺に
ひらめき立てり、日の御旗。

第十一　物ノ價

然
價

飲料水ニ不自由ナキ土地ニアリテハ、金錢ヲツ
ヒヤシテ、水ヲ買フナドトイフハ、思ヒモヨラ
ヌ事ナリ。然レドモ飲料水ノ得ガタキ所ニテ
ハ、一手桶何程トイフ代價ヲハラヒテ水ヲ買
フ。同ジ物ニテモ、意ノ如クニ得ラルレバ價ナ
ク、得ガタケレバ價アルナリ。

得ガタキ物ニテモ、有用ナラヌ物ハ價ナシ。例
ヘバコヽニ一ツノ石アリトセヨ。ソレガ如何ニ
マレニシテ、タヤスク得ラレザル物ナリトモ、
用ヒヤウナケレバ、誰モ之ヲ買フ者ナク、シタ
ガツテ價アルコトナシ。

カクノ如ク物ニ價アルハ、其ノ物ガ人ノ爲ニ有
用ナルト、意ノ如クニ得ラレザルトニヨルナ
リ。

又コヽニ一匹ノ馬アリテ、之ヲ買ハントスル人
五人アルトキハ、其ノ五人ハ、各其ノ馬ガ他人
ノ手ニ渡ランコトヲ恐レテ、爭ヒテ高キ價ヲツ
ク。カクテ價ハ次第ニ高クナリテ、馬ハ最モ高
キ價ヲツケタル人ノ物トナル。

之ニ反シテ、同ジヤウナル馬五匹アリ、其ノ持
主ハ別々ニテ、買ハントスル人タヾ一人ナルト
キハ、五人ノ持主各其ノ馬ノ賣レザランコトヲ

恐レテ、爭ヒテ價ヲ下グ。カクテ價ハ次第ニ安クナリテ、最モ價ヲ下ゲタル持主、其ノ馬ヲ賣ルコトトナル。

カクノ如ク、品物多クシテ、之ヲ望ム者少ケレバ、其ノ物ノ價安クナリ、品物少クシテ、之ヲ望ム者多ケレバ、其ノ物ノ價高クナル。スナハチ物ノ價ノ高下ハ、主トシテ需要ト供給トノ關係ニヨルナリ。

需要
供給

第十二　弟から兄へ

にいさん、昨日でうちの田植がすつかりすみました。「今年ほど水の都合のよかつた事はない。」とおとうさんが喜んでいらつしやいます。あの降りつゞいた雨のおかげで、山田の高い所まで一息に植ゑることが出来ました。

一昨日

一昨日海軍のにいさんが、休暇(きうか)でお歸りになつたので、おとなりからの手つだひと合はせて、植手が八人になつて、にぎやかでした。私は苗(なへ)くばりをして、「お前もたしかに半人前だ。」と、おかあさんにほめられました。

昨夜

田植がすんだので、昨夜は手つだひの人たちを呼んで、ごちそうをしました。其の時おとうさんがにいさんと、「世の中は何でも一生けんめいに働く者が勝だ。米が出来るのも、麥が取れるのも、土といふありがたいものが、めいめいの骨折に對して、御ほうびを下さるのだ。うち中が丈夫で、仲よくかせぐ、こんな仕合なことはない。」と話していらつしやいました。

おとうさんは今朝も、「もう二番茶もつま
なくてはならない。それがすむとやがて
夏蠶(ご)の上りだ。にいさんたちの分も
わたしが働くのだ。」とおつしやつて、
大そう元氣です。うちの事はすべて御安
心下さい。」夏休も近くなりました。み
んなでにいさんのお歸を待つてをりま
す。

　六月十日　　　　　　　　　　要吉

　　兄上様

第十三　老社長

米

僕は今日學校から歸るとすぐ、おとうさんのお手紙を持つて、精米會社へお使に行つて來ました。會社では、幾臺もある精米機械が電力で勢よく廻り、四五人の若い人々がぬかだらけになつて働いてゐました。社長さんは餘程の年よりらしいが、にこにこしてゐる元氣な方です。僕は何となくえらさうな人だと思ひました。

お返事をお渡しした後で、おとうさんに

「あの精米會社の社長さんはえらい方なんでせう。」

と言ふと、おとうさんは

「お前にもさう見えるかね。」

とおつしやつて、あの方の小さい時分からのお話をして下さいました。

照

「あの社長さんはもと上方の人で、此の町へ始めて奉公に來たのは、ちやうどお前と同じ十二の年だつたさうだ。主人の家が大きな醬(しやう)油屋だつたので、始は近在の小賣店へ、毎日々々、降つても照つても、おろしに歩き廻つたものださうだが、其のつらさはとてもお前たちにわかるものではない。十年餘りもしんばうして、やうやう一

貯資

人前の番頭になり、それから又長い間忠實に勤めて、三十ぐらゐの時、年來の貯金と主人からもらつた金を資本にして、小さい米屋を始めた。

繁昌

推

さて商賣を始めると、あの人ならといふ信用はあるし、それにわき目もふらず働くので、店はだんだん繁昌して、十年もたゝぬ中に、町でも屈指の財産家となつた。さうして人々に推されて、町の銀行の頭取になつた。それはわたしの十五六の時分だつたらう。うちのおぢいさんはあの人とは前から友だちだつたので、よく其の話をなすつては、大へんほめていらつしやつたものだ。」

「ほんたうにえらい人ですね。」

「いや、これから先があの人のほんたうにえらい所だ。」

おとうさんはすぐ言葉をついで、

「社長さんが銀行の頭取になつてからちやうど十年目の秋、いろいろの手違から、銀行が破産しなければならぬ事になつた。世間にはこんな場合に、なるたけ自分の負擔を輕くしようとする者もあるが、あの人は反對に、少しでも他人の負擔を輕くしようとして、自分の財産を殘らず差出した。さう

擔輕

して全く無一物になつて、親子三人町外れの裏長屋に移つてしまつた。けれども社長さんは、それを少しも苦にしないで、『なあに、もう一度出直すのです。』といつて、笑つてゐた。

社長さんは早速荷車を一臺借りて來て、醬油のはかり賣を始めた。町の人々は之を見かねて、『そんな事までなさらなくても。』といつて、資本を出さうとする者もあつたが、社長さんは、『自分の力でやれる所までやつてみます。』といつて、夜を日についで働いた。人々の同情は集つてゐるし、商賣の仕方は十分心得てゐるので、毎朝引いて出た荷が、夕方には必ず空になるといふ景氣。それにあの人の事だから、決してあせらず、一軒二軒と得意先をまして行つて、後には表通へ店を出すまでになつた。それからだんだん商賣の手を廣げて、六十五六の時にはもう餘程の財産が出來た。そこで間もなく片手間に精米所を始め、追追に大きくして、あんなりつぱな會社にしたのだ。全くあんな人は珍しい。」

とお話になりました。僕は今日其のえらい社長さんに會つて來たのだと思ふと、何となくうれしい氣がしました。

第十四　麥打

一

さんさんさん、さんさんさん

今日は天氣がよいので、朝から麥を打つ音が方々で聞える。

正一の家でも、親子三人、庭にすゑた打臺の前に並んで、麥を打つてゐる。後には麥の束が山と積んである。それをてんでに一束づつ取つては、兩手で根本の所をつかんで、打臺にぱたぱたとたゝきつけると、莖の先についてゐる穗が、敷いてあるむしろの上に面白いやうに飛散る。束を廻して又たゝき、穗が殘らず落ちてしまふと、束をむしろの向ふにぽいと投げて、又新しい束を取る。後の山がだんだん低くなるにつれて、前の麥藁(わら)の山が見る見る高くなる。

「正一も大分役に立つやうになつたなあ。」

あみ笠をかぶつた父がふり向くと、母もすげ笠をそちらへ向けて、

「ほんたうにさうですね。おかげで今日中には大がいかたづきます。」

と言ひながら、正一を見てにつこりした。

仕事は水入らずの三人の手で、ずんずんはかどつて行く。何所からかにぎやかな歌が聞えて來る。

二

庭に敷きつめたむしろの上に、黄色い麥の穗が一面に廣げられて、まぶしいやうな夏の日にかゞやいてゐる。正一のうちの人たちに手つだひもまじつて、七八人の男や女が向ひ合つて、片足をふみ出し、掛聲を合はせながら、ばたんばたんと殼竿(からざを)で麥を打つてゐる。のぎが飛ぶ、穗がはねる。ふり上げた棒の先が、強い日光にきらりきらりと光る。

赤いたすきを掛けた女たちがよい聲で歌をうたふと、へうきんな五平ぢいさんが、時時へんな掛聲をして皆を笑はせる。分家の金次叔父さんは、軍隊歸のたくましい腕で、すとんすとんと打下す。男も女もひたひの汗を、ほこりだらけの腕でふきながら、にぎやかに打續ける。

日はかんかんと照つてゐる。庭のすみにはほうせん花が眞赤に咲いてゐる。雞が麥のこぼれを食ひに來ては、追はれて逃げて行く。

汗
續

花
逃

第十五　軍艦生活の朝

橋直

銃

起床
傳令

破床

東の空が明るくなると、今まで軍港のやみに包まれてゐた軍艦の壯大な姿がだんだんにあらはれて來る。艦橋には當直將校の姿が見え、其のそばには、望遠鏡(ばうゑんきやう)を持つた掌(しやう)信號兵が遠くを見張つてゐる。舷(げん)門には、銃を手にした番兵が近くを警戒してゐる。千數百人の乘員は、今もなほ安らかに眠を續けてゐる。艦内は深山のやうな靜かさである。

人の顏がやつと見分けられるやうになつた頃、時鐘(しよう)番兵がことことと艦橋の下へ來て、「總員起し五分前。」と當直將校に報告する。軍艦の起床時刻は、夏は五時、冬は六時である。間もなく甲板士官や傳令員が起きて來る。副(ふく)長もはや上甲板にあらはれて、今日の天氣はどうかと空をながめる。

やがて午前五時の鐘(かね)が鳴ると、當直將校が元氣のよい聲で號令をかける。

　「總員起し。」

此の號令で、朝の靜かさが忽ち破られ、起床ラッパは勇ましくひゞき、傳令員は號笛を吹きながら、「總員起し。」と呼んで、つり床の間をぬ

定

規律

つて行く。すると乗員は、一せいに飛起きて、手早くつり床をくゝる。これから號令が雨のやうに下る。それにつれて、つり床は正しく一定の場所に納められる、すべての窓や出入口は開かれる。これ等の仕事は、陸上の家で、毎朝起きると先づ夜具をかたづけ、雨戸をくるのとかはりはないが、千數百人の乗員が號令にしたがつて、規律正しく活動する其の様は、如何にも目ざましい。數分の内に艦内はすつかり整頓(せいとん)する。

休

そこで五分間の休けいがあつて、露天甲板洗となる。これは水兵の受持で、先づ

　「兩舷直、整列。」

のラッパが一きは高くひゞき渡ると、はだしのままの水兵が後甲板にはせ集つて、ずらりと整列

特	する。兩舷直といふのは、特別の務のあるもの をのぞいた外の水兵のことである。間もなく當 直將校から威勢のよい號令がかゝる。 　「露天甲板洗へ。」 水兵はくもの子を散らすやうに八方へ散つて、 かひがひしくズボンと袖をまくり上げ、身輕な 姿となつて分隊毎に甲板洗を始める。甲板洗は いかにも勇ましく面白いものである。下士官 が、甲板の吐（と）水口からふき出る海水を、桶に 汲んではどんどん流すと、洗刷毛（はけ）を持つた 數十人の水兵が甲板をこすりながら頭を並べて 進んで行く。其の樣は、まるで雨後の蛙がむら がり飛んでゐるやうである。 甲板洗がすむと、
煙草	「顔洗へ。」「煙草ぼん出せ。」 の令が下る。そこで始めて乘員は顔を洗ふ。其 の中に上陸員が歸艦する。其所此所で、「お早 う」が言ひかはされる。火繩一本の煙草ぼんの まはりには、人の山が出來て、いろいろの話が 出る。笑ひ聲も起る。間もなく「食事」のラッ パがひびく。一時間餘りも活動した後であるか ら、食事のうまいことはいふまでもない。
尾 旗	午前八時になると、艦尾の旗竿に軍艦旗があげ られる。此の時掌信號兵は「君が代」のラッパ

衛

敬

を吹き、衛兵隊は捧銃(さゝげつゝ)の敬禮を行
ひ、艦長をはじめ乗員一同は、皆姿勢を正し
く、軍艦旗に敬禮する。朝日にかゞやく軍艦旗
が、海風にひらめきながら、しづしづと上つて
行く様は、實におごそかなものである。

軍艦旗を仰いで、心の底まで清められた乗員
は、これから訓練(くんれん)に取掛るのである。

第十六　東京から青森まで

驛	午後六時、叔父さんと一所に、上野驛から青森行の列車に乗つた。ずゐ分こんでゐたが、みんながゆづり合つてくれたので、二人とも腰を掛けることが出來た。汽車が進むにつれて、關東平野はだんだん夜の景色にかはつて、見なれた所も面白く感じた。
	「宇都宮(うつのみや)」と驛手の呼ぶ聲に、何時かおかあさんと日光見物に來た時のことを思ひ出した。まだ日が暮れたばかりのやうに思つたが、もう八時半であつた。間もなく西那須野(にしなすの)に着いた。叔父さんが
紅葉 泉	「此の邊が有名な那須野が原だ。昔は一面の荒野であつたが、今は方々に町や村が出來てゐる。紅葉と温泉で名高い塩原(しほばら)へ行くには、此所で下りるのだ。」
	とおつしやつた。私は眠くなつたので、それから直にねてしまつた。
果	目がさめると、もう夜が明けてゐて、汽車は果もなく續いてゐる青田の中を走つてゐた。
	「叔父さん、此所は何所ですか。」
	と聞くと、
	「仙臺(せんだい)はとつくに過ぎて、やがて一

過 街 辨	關(いちのせき)だ。よくねたね。」 とおつしやつた。窓から吹きこむ朝風のひやりとするのは、餘程北へ進んだ爲だらう。顔を洗つて來て、ビスケットを食べながら、私がゆめの中に通過した驛々のお話をうかゞつた。 「白河を通つたのは昨夜の十一時前であつた。昔能因(のういん)といふ人が、 　　　　『都をば、かすみと共に立ちしかど、 　　　　　　秋風ぞ吹く、白河の關。』 とよんだのは其所のことで、此の關所は濱街道の勿來(なこそ)の關と共に、有名なものであつた。」 叔父さんはなほ言葉を續けて、 「仙臺に着いたのは午前の三時で、少しは下りた人も乗つた人もあつた。仙臺は東北第一の都會で、大學も高等學校もある。昔は竹に雀の紋所で名高い仙臺様の城下であつた。」 「松島は。」 「仙臺から三つ目の松島驛で下りるのだ。歸りに見物して行かう。」 一關で辨當を買つた。次の平泉(ひらいづみ)といふ驛を出て間もなく、叔父さんは近く左に見える山を指さして、

「あの上に名高い金色(こんじき)堂がある。光(ひかり)堂ともいつて、昔は金光りに光りかゞやいてゐたさうだ。八百年前の建物で、今も鞘(さや)堂の中に其のまゝ保存されてゐる。義經(よしつね)の居た高館(たかだち)のあとも右手に見えたはずだが、もう通過してしまつた。辨慶(べんけい)が立往生をしたと傳へられてゐる衣(ころも)川は、すぐ此の先にある。」

傳

とおつしやつた。其の中に汽車は山の間を出て、大きな川の見える所に出た。

「あれが北上川だ。汽車は此の邊からあの川について、北へ北へと走るのだ。」

と教へて下さつた。

午前八時盛岡(もりをか)に着いた。停車場にはいる手前でまた北上川を見たが、此所まで来ると川幅がかなりせまくなつてゐる。

汽車が盛岡を出て少し進むと、遠く左に見えるかくかうのよい山を指さして、

「あれは岩手山だ。南部富士といはれるだけあつて、ちよつと形が似てゐるね。あのふもとに有名な小岩井農場があるのだ。」

とおつしやつた。

汽車は野を過ぎ山を越えて進む。北上川はまだをりをり見えるが、いよいよせまくなつて、とうとう谷川になつてしまつた。山畑に稗(ひえ)の作つてあるのも珍しく、谷間に白い山ゆりの花のまばらに見えるのも面白い。陸中と陸奥(むつ)との境にある幾つかのトンネルをくゞると、廣い原野がだんだんに開けて来る。此の邊から野

邊地(のへぢ)あたりまでの間には、所所に放し飼の馬の群れてゐるのが見えた。黒・白・茶色、大小さまざまの馬が、林のかげや沼のほとりを元氣よくかけ廻つてゐる様は、實に勇ましい。

野邊地で始めて海が見えた。青々とした波の上に、點々と白帆が浮んでゐるのは、野や山ばかり見て來た目に殊さらうれしかつた。

「海の向ふに遠く見えるのが下北半島だ。」

と、叔父さんがおつしやつた。

淺蟲近くになると、汽車が海岸を走るので、陸奥灣の風光が手に取るやうに見えた。遠くにはかすかに津輕(つがる)半島が横たはり、近くには形のよい島々などもあつて、大そう景色のよい所であつた。叔父さんのお話によると、淺蟲は名高い温泉場で、海水浴も出來るさうだ。

午後二時二十分、汽車は青森に着いた。北海道に渡る人は、停車場に續いた乘船所から汽船に乘るのである。私は叔父さんに連れられて宿に着いた。叔父さんが

「東京から此所までは四百五十六哩もあるのだが、かうたやすく來てみると、そんなに遠い所に來たやうな氣がしないね。」

とおつしやつた。

沼

帆

浴

第十七　いもほり

五時間目の授(じゆ)業がすむと、先生はにこにこして、

「今日はこれからいもほりをしませう。皆いつものやうに、此所で支度をして、學校園へお集りなさい。」

とおつしやつた。これこそ僕たちが、一週間も前から、毎日々々々待つてゐた命令だつたので、皆一せいに小をどりして喜んだ。さうして大急ぎで學校道具をかばんにしまひ、めいめい身輕になつて、校舎の後の菜園に集つた。枯れかゝつて一面に黄色になつたじやがいも畑を、午後の日がかんかんと照らしてゐる。

當番が農具小屋から、鍬・シヤベルなどいろいろの道具を出して來た。先生も大きな箱を持つて來て、ほつたいもは此の中へ入れるやうにとおつしやつた。皆は一せいにほりにかゝる。僕はわり合にしつかりしてゐる一本の莖を握つて、ぐつと引張つた。やはらかい黒い土がむくむく盛上つたと思ふと、四方へくづれる。中からみづみづしい白茶色の玉が、じゆずつなぎになつてころころと出て來た。大人の握りこぶし程の大きなのもあれば、雀の卵ぐらゐなかはい

らしいのもあるが、どれも皆、絹(きぬ)のやうな
うすい皮がはち切れさうに、よく實がいつてゐ
る。となりでは、莖がくさつて引きぬけないの
を、星野君が根氣よくほつて、ほつたいもを一
つ一つていねいにならべて行く。

あちらでもこちらでも、驚く聲、感心する聲、
うれしさうな聲。

ふと氣がつくと、校長先生と山田先生が、箱の
そばへ來て、面白さうに僕等の仕事を見ていら
つしやつた。

第十八　石安工場

往	一 石安工場と筆太に、 小屋根に上げし看板が 往來の人の目につきて、 安ぢいさんを知る知らず、 「あゝ、あの角の石屋か。」と、 誰もうなづく工場あり。
刻 文字	二 石碑(ひ)を刻む、文字をほる、 槌(つち)音のみ音かしましき 廣き工場の片すみに、 安ぢいさんはせぐくまり、
常	常に何をか刻みゐる、 めがねを掛けてはつぴ着て。
飾	三 店に飾れる石燈籠(ろう)、 頭の長き福祿壽(ろくじゆ)、 腹のふくれし布袋和尚(ほていをしやう)、 ぼたんにくるふ唐獅子(からしゝ)も、 玉をふくめるこま犬も、 皆ぢいさんののみのあと。

　　　　四
ぢいさん今年六十の
坂を越えたる足もとに、
大いなる石横たへて、
なほ怠らずこつこつと、
何をか常に刻みゐる、
めがねを掛けてはつぴ着て。
　　　　五
「ぢいさん、今度は何ですか。」
「毘沙門天(びしやもんてん)を刻むのだ。」
「何時頃までに出來ますか。」
「來春まではかゝるだらう。」
「來春までも。」と驚けば、
「來春までは。」とくりかへす。
　　　　六
今朝遠足にとく起きて、
石屋の前を通りしに、
廣き工場にたゞ一人、
安ぢいさんは一心に
毘沙門天を刻みゐき、
めがねを掛けてはつぴ着て。

怠

第十九　星の話

飯 寶(宝) 説 位置 變 當	信吉の家にては、夕飯後庭先に凉み臺を出して、家内一同凉みゐたり。月はまだ出でざれども、空よく晴れて、満天の星は寶石をちりばめたるが如し。 信吉は夏休にて歸り居たる兄に向ひて、いろいろと星の説明を求めたり。 「にいさん、空にはあんなにたくさん星が見えますが、少しも動かないのですか。」 「さうだ。動かないのだ。しかし地球が廻るために、我々の目には動くやうに見える。どの星かを見おぼえて置いてごらん、寝る頃にはもう位置が變つて見えるから。」 「それでも航海をする人などが、よく星を見て船の位置をはかるといふではありませんか。星がそんなに位置の變るものなら、目當にならないでせう。」 「いや、何月何日の何時には、何所に何星が見えるといふ事が、學問上ではわかつてゐるから、はかられない事はない。それに、たくさんの星の中に一つだけ、年中ほとんど位置の變らないのがあるから、まことに都合がよいのだ。」

「それは何といふ星ですか。」

「北極星(ほくきよくせい) といふ星だ。」

「でも、あんなにたくさんある星ですもの、
　それを見つけるのに大變でせう。」

「それにはまた都合のよい事がある。何かと
　いふと、北斗(と)七星といふ一群の星があつ
　て、何時でも北極星の位置を知らせてくれ
　るのだ。あれごらん、向ふの杉林の上の所
　に、ひしやくのやうな形になつて、七つの
　星が並んでゐるのが見えるだらう。」

「えゝ、見えます。」

「あれが北斗七星だ。あの柄(え)でない方の
　端にある二つの星を結びつけて、其の線を、

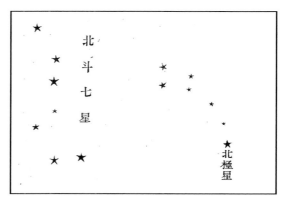

ひしやくの口の向いてゐる方へのばして行
くと、今結んだ二つの星のへだたりの五倍

ばかりのところに、かなり大きい星がある
だらう。あれが今話した北極星だ。北斗七
星は何時もあんなにひしやくの形をしてゐ
て、北極星との關係も常に變らないから、
あの星を本にして、すぐに北極星を見つけ
る事が出來る。」

「あゝ、あの一番高い杉の眞上の所にあるの
が北極星でせう。」

「さうだ。それにあの星は何時も眞北に居る
から、あれを見つけさへすれば、道に迷つ
た時などにもすぐ方角を知る事が出來
る。」

信吉は感心して、熱心に空を仰ぎゐしが、驚け
るやうに聲をあげて、

「にいさんにいさん、あの北極星がひしやく
の柄の先になつて、もう一つ、小さい北斗
七星のやうなものが出來てゐますね。」

「あゝ、よく氣がついたね。並び方が全く似
てゐるだらう。西洋では昔から、あの七つ
の星と其の近所の星を一しよにして小熊の
形を想像し、北斗七星と其の近所の星を一
しよにして大熊の形を想像して、それぞれ
小熊座・大熊座といふ名をつけてゐる。小
熊座と大熊座について、面白い昔話がある

はずだから、ねえさんに聞いてごらん。」

信吉は傍なる姉に向ひて、

　「ねえさん、どうぞ其の話を聞かせて下さい。」

と頼みたり。

　「私も餘程前に讀んだのですから、くはしい事はおぼえてゐませんがね。昔カリストといふおかあさんと、アルカスといふ子供がありました。おかさんのカリストは、大そう美しい人だつたので、ジュノーといふ神様がそれをねたんで、とうとうカリストを熊にしてしまひました。其の中に、子供のアルカスはだんだん大きくなつて、狩人になりましたが、或日大熊を見つけたので、それを射殺さうとしました。此の大熊こそは、先にジュノーに形を變へられたおかあさんのカリストだつたのですが、アルカスはそれと知りませんから、あぶなく親身の親を射殺すところでした。ところがめぐみ深いジュピターといふ神様が、それを見て、『あゝ、かはいさうだ。あのアルカスに親殺の大罪ををかさせてはならぬ。』と、すぐに親子の者を天へ連れていつて、大熊座と小熊座になさつたのださうです。」

「あゝ、面白かつた。おや、北斗七星が半分
杉林にかくれてしまつた。にいさん、やつ
ぱりにいさんのおつしやつたやうに、星の
位置は變りますね。僕今夜はいろいろの事
をおぼえて、ほんたうにうれしかつた。」
信吉は兄と姉とに謝して、樂しく其の夜のゆめ
に入れり。

第二十　白馬岳

にいさんのお友だちの岡田さんが旅行からお帰りになつたと聞いて、今日にいさんと二人で遊びに行きました。ちやうど岡田さんは四五人のお友だちに、白馬登山のお話をなさつていらつしやる所でした。

白馬岳(だけ)が飛驒(ひだ)山脈中の有名な山だといふ事は知つてゐましたが、くはしい事は今日始めてうかゞひました。中でも面白かつたのは大雪渓(せつけい)のお話です。

「雪渓は谷を埋めた雪の坂で、ふもとの村から三里ばかり登つた所から始つて、頂上近くまで續いてゐます。幅は二三町、長さは一里に近く、行つても行つても眞白です。雲や霧がわいたかと思へば散じ、散じたかと思へば又わいて来て、時には一寸先も見

登

脈

頂

霧
散

付

えないやうなことがあります。登山者はか
んじきをはいて、石づきの付いた金剛(こん
がう)杖や鳶(とび)口を力に、此の坂を登る
のです。眞夏の日中でも、杖を握つてゐる
手などは、何時の間にかつめたくなつてし
まひます。下山の時には、着ござなどを橇
(そり)にして、此の雪溪をすべつて下る人が
あります。僕も其の通りにして見ましたが、
急な坂を矢のやうに早くすべるのですか
ら、實に壯快でした。」

お話を聞い
て、僕もすべ
つて見たくな
りました。

それから、お
花畠のお話も
面白うございました。

亂

「お花畠は雪溪を登りつめた所にあります。
雪溪が冬の世界ならば、此所は春の國でせ
う。いろいろの珍しい高山植物が紅・黄・
紫と咲亂れて、何ともいはれない美しさで
す。あの雷鳥といふ珍しい鳥も、此のあた
りから頂上へ登る途中のはひ松の間に居る
のです。」

と言つて、岡田さんは高山植物や雷鳥の繪葉書を、たくさん出して見せて下さいました。

お話が頂上のながめに移ると、いよいよはずんで來て、岡田さんは目の前に見てゐるやうな様子で説明なさるので、僕等も何時の間にか、山の上に居るやうな氣持になつて聞きました。

「頂上に立つて四方をながめた景色は、全く雄大です。もやの底にかすかに見える越中(ゑつちゆう)の平野、日本海の波の上にはるかに浮ぶ能登(のと)半島、眼前には杓子岳(しやくしだけ)や鑓岳(やりがだけ)がぬつとそびえ、遠くには槍岳(やりがだけ)・穂高岳・乗鞍岳(のりくらがだけ)・立山・劔岳(つるぎだけ)・白山など、いづれおとらぬ高山が、南から西へ連なつて、互に雄姿を競つてゐます。淺間山は煙をなびかせて、東南の空はるかにそびえ、戸隠(とがくし)連山は東北の方に、呼べば答へるばかり近くそば

雄

眼

白
連
競

だつてゐます。富士山も、晴れた日には、
白雲の上にかすかに見える事があるさうで
す。」
面白いお話がまだたくさんありさうでしたが、
もう夕方になつたので、僕等はおいとまごひを
して歸りました。

第二十一　初秋

熟 延 誠 隣 込	日本晴のよい天氣。 おかあさんと茄子(なす)をもぎに出たついでに、かぼちや畠を見廻ると、此の前まだ少し早いと言つて殘して置いたのが、今日はもう熟しきつたやうな顔をして、へそを日にさらしてゐる。 向ふの畠には、たうのいもが作つてある。黒みがかつた紫色の莖が見事に延びて、大きな葉をゆらゆらと風に動かしてゐる姿は、誠に氣持がよい。其の隣の畠にしやうがが、根ぎはの赤い所を少し土からあらはして、ぎやうぎよく並んでゐるのも美しい。 昨夜雨が降つたせゐか、空がきれいにすんで、向ふの天神山が近く見える。山のすその方があちらこちら白いのは、蕎麥(そば)の花であらう。二百十日を無事に越した田には稲の穗先がもう大分重みを見せてゐる。 たんぼの中程を流れてゐる小川は、いつもより水が多い。蛙がぽかんぽかんと飛込んではすうつと泳いで行く。やがておもだかの莖や芹(せり)の葉などにつかまつて、後足を長く延ばし、眞青な空をじつとながめてゐる。ざるを持つた子供が、川下の方に集つてさわいでゐるのは、鮒

甘	(ふな)やどぢやうを取るのであらう。空には赤とんぼが幾つともなく飛んでゐる。 うちの方をふりかへると、井戸端の柿の木に柿がすゞなりになつてゐるのが目につく。今年はなり年なのだ。まだ青いが早く甘くなるたちだから、もう直に食べられる。 午後には弟と天神山へきのこ取りに行くのだ。

第二十二　北風號

　北風はたけが五尺二寸もある黒馬で、毛はうるし
のやうにつやつやしく、見るからに強さうな軍馬
である。北風の主人は若い騎兵中尉(ゐ)で、たい
そう北風をかはいがつて、まるで我が子のやうに
大事にしてゐた。或年戦争が始つたので、北風も
外の軍馬と同じやうに、主人にしたがつて戦地へ
向つた。

　戦地ではいろいろつらい事もあつたが、戦場をか
け廻るのは、北風にとつて愉(ゆ)快な事であつ
た。ラツパのひゞきや大砲の音に、北風の心は先
づ勇みたつ。やがて「進め」の號令がかゝると、
たゞ愉快にたゞ一生けんめいにかけ出す。戦場の
光景は實に恐しいものであつたが、北風は自分の
信じてゐる中尉が乗つてゐてくれるので、砲弾の
雨の中でも、銃劍の林の中でも、びくともせずに
勇ましく活動した。

　しかしとうとう恐しい日が來た。或朝の事であつ
た。東の空がほんのりと白む頃、北風は外の軍馬
と一所に、露營のテントの前に、列を正して並ん
だ。兵士たちはめいめい馬のそばに立つて、今か
今かと命令の下るのを待つてゐた。月が西の空に
うす白く殘り、野には朝つゆがしつとりと置いて

ゐた。

だんだん明るくなつて來た。中尉の固く結んだ口もと、するどい目の光、其の樣子がどうも一通りでない。利口な北風はすぐそれに氣がついた。やがてあたりの靜かさを破つて、大砲の音がとゞろき始めた。中尉はひらりと北風にまたがつて、亂れてゐたたてがみをそろへ、くびすぢを輕くたゝきながら、

　　「おい北風、今日は大分手ごたへがあるぞ。
　　　しつかり賴むよ。」

と、まるで人間に言ふやうに言つた。北風は、主人の手がかうしてくびすぢにさはるのが何より好きだつたから、うれしくて、得意さうに頭を高くあげた。やがて中尉はちよつと腕時計を見て、いつものやうにすんだ聲で號令をかけた。

　　「乘馬。」

兵士たちは一せいに馬上の人となつた。馬はどれも皆張りきつて、くつわをかんだり、前がきをしたり、頭をふり上げたりしながら、乘手のあひづが下るのを待ちかまへてゐた。

數分の後には、北風はもう列の先頭に立つて進んでゐた。

其の日の戰は果して今までになくはげしかつた。中でも一番目ざましかつたのは最後の襲撃(しふげき)。谷一つへだてた向ふの岡に、敵の砲兵が放(はう)列をしいてゐる。味方は其の正面から眞一文字に進んで行く。敵彈は前後左右へ雨のやうに落ちて來る。それでも誰一人敵に後を見せる者はない。やがてもうもうと上る白煙の間から、怪(くわい)獸のやうな大砲と、其のまはりにむらがる人かげが見えて來る。砲口はかはるがはるいなづまのやうな砲火をはいては、耳もつぶれさうにほえ立ててゐる。人はいよいよ勇み、馬はますますはやる。

中尉は始終先頭に立つて進んでゐたが、敵陣が間近になつたのを見て、一だん高く軍刀をふりかざし、いつものはればれとした聲で、

「そら、もう一息だぞ。襲(おそ)へ襲へ。」

と叫んだ。ちやうど其の時、敵の砲彈が近くで破れつして、其の破片(へん)がぴゆつと北風のたてがみをかすめた。北風は、主人の體がくらの上でぐらつとゆれるのを感じた。と、たづなが急にゆるんで、中尉は後方にころげ落ちた。北風は驚いてすぐに立止らうとしたが、後からかけて來る味方に追はれて、思はず其の場から數十間も進んでしまつた。しかし主人をうしなつたと思ふと、今まで張りつめてゐた勇氣もくじけて、ゆめからさめたやうにあたりを見廻した。大空には、午後の日が大砲の煙や砂ぼこりにさへぎられて、どんよりとかゝり、地上には、人馬の死がいがあちらにもこちらにも重り合つてゐる。北風は俄におぢけがついた。さうして主人がこひしくなつて、今來た方へ一散にかけもどつた。

主人の姿を見つけると、靜かに其のそばに立止つた。中尉はあをのけになつて倒れてゐる。北風は、もう一度鼻先をなでてもらひたくなつて、そつと顔を主人の肩のあたりへすりよせた。

中尉の手はじつとして動かない。北風はもう一度あの勇ましい號令が聞きたいと思つて、訴へるやうな目付で主人の顔を見下し、左右の耳をそばだててみた。しかし聞えるのはかすかな息づかひばかりであつた。ちやうど其の時、はるか遠方で味方の萬歳の聲がわき起つた。戰爭なれた北風は、此の聲の意味をよく知つてゐた。さうして之に合はせるやうに、又自分の最愛の主人に味方の勝利を語るやうに、一聲高く天に向つていなゝいた。中尉の顔には満足らしいゑみが浮んだ。

第二十三　手紙

一

昨日は美しきお話の本御送り下され、誠
に有難く存じ候。あの中にて一番面白き
話をよくおぼえ置き、來週學校にて話し
方の時間に話し、同級の人々を驚かさん
と樂しみ居り候。

　　　九月二十日　　　　　　　　　　正男

　　　　伯父上様

有難
候

伯父

二

先日遊びに上り候節御約束致し候三毛の
子猫、もはや大きくなり候事と存じ候。
近き中に頂きに上りたく候に付き、何日
頃がよろしく候や、御知らせ下された
く、御願ひ申し上げ候。

　　　九月二十日　　　　　　　　　　みよ子

　　　　伯母上様

猫
頂

伯母

三

拝啓。昨年僕の學校より、君の學校へ御
轉任なされ候佐野先生、先頃より御病氣
の由承り候。早速御見舞に参上致したく
存じ候へども、御住所不明にて困り居り
候。若し御承知に候はば、御手數ながら
至急御報知下されたく、願ひ上げ候。
草々。

　　九月二十日　　　　　　　下田英太郎
　　　吉野萬吉君

啓任由承住

第二十四　水兵の母

役

恥

鋭

明治二十七八年戦役の時であつた。或日我が軍艦高千穂の一水兵が、女手の手紙を讀みながら泣いてゐた。ふと通りかゝつた某大尉(ゐ)が之を見て、餘りにめゝしいふるまひと思つて、

「こら、どうした。命が惜しくなつたか、妻子がこひしくなつたか。軍人となつて、いくさに出たのを男子の面目とも思はず、其の有様は何事だ。兵士の恥は艦の恥、艦の恥は帝國の恥だぞ。」

と、言葉鋭くしかつた。

水兵は驚いて立上つて、しばらく大尉の顔を見つめてゐたが、やがて頭を下げて、

「それは餘りな御言葉です。私には妻も子も有
　りません。私も日本男子です。何で命を惜し
　みませう。どうぞ之を御覧下さい。」

と言つて、其の手紙を差出した。

大尉はそれを取つて見ると、次のやうな事が書
いてあつた。

「聞けば、そなたは豊島沖の海戰にも出ず、又
　八月十日の威海衛攻擊とやらにも、かく別の
　働なかりきとのこと。母は如何にも殘念に思
　ひ候。何の爲にいくさには御出でなされ候
　ぞ。一命を捨てて君の御恩に報ゆる爲には候
　はずや。村の方々は、朝に夕にいろいろとや
　さしく御世話下され、『一人の子が御國の爲い
　くさに出でし事なれば、定めて不自由なる事
　もあらん。何にてもゑんりよなく言へ。』
　と、親切におほせ下され候。母は其の方々の
　顔を見る毎に、そなたのふがひなき事が思ひ
　出されて、此の胸は張りさくるばかりにて
　候。八幡(まん)樣に日參致し候も、そなたがあ
　つぱれなるてがらを立て候やうとの心願に
　候。母も人間なれば、我が子にくしとはつゆ
　思ひ申さず。如何ばかりの思にて此の手紙を
　したゝめしか、よくよく御察し下されたく
　候。」

豊攻擊

恩報

願

察

務

大尉は之を讀んで、思はずも涙を落し、水兵の手を握つて、

「わたしが惡かつた。おかあさんの精神は感心の外はない。お前の殘念がるのももつともだ。しかし今の戰爭は昔と違つて、一人で進んで功を立てるやうなことは出來ない。將校も兵士も皆一つになつて働かなければならない。總べて上官の命令を守つて、自分の職務に精を出すのが第一だ。おかあさんは、『一命を捨てて君恩に報いよ。』と言つてゐられるが、まだ其の折に出會はないのだ。豐島沖の海戰に出なかつたことは、艦中一同殘念に思つてゐる。しかしこれも仕方がない。其のうちには花々しい戰爭もあるだらう。其の時にはお互に目ざましい働をして、我が高千穗艦の名をあげよう。此のわけをよくおかあさんに言つてあげて、安心なさるやうにするがよい。」

と言聞かせた。

水兵は頭を下げて聞いてゐたが、やがて手をあげて敬禮して、につこりと笑つて立去つた。

第二十五 選擧ノ日

雄 議 選擧 補 初 豫	道雄ガ今朝起キテミルト、商用デ四國ノ方ヘ旅行シテキタ父ガ、夜汽車デ歸ツタトコロデアツタ。一月モカヽルヤウナオ話ダツタノニ、ドウシテコンナニ早クオ歸リニナツタノダラウト思ツテ聞イテミタ。 「オトウサン、御用ハモウスンダノデスカ。」 「イヤ、マダスマナイ。今日午後四時ノ汽車デ又出カケルノダ。」 「ドウシテオ歸リニナツタノデスカ。」 「今日ハ衆議院議員ノ總選擧ダカラ、投票(トウヘウ)ノ爲ニ歸ツテ來タノダ。」 「オトウサンハ誰ニ投票ナサルノデス。」 「ソレハ誰ニモ言フベキ事デハナイ。シカシ今度ノ候補者ノ中ニ、實ニリツパナ考ヲ持ツテキテ、アノ人ナラバト思ハレル人ガアルカラ、オトウサンハ最初カラチヤント其ノ人ニキメテキタ。今日投票ノ爲ニ歸ツタノモ出發ノ時カラノ豫定ナノダ。」 「ソンナエライ方ナラ、オトウサンガワザワザオ歸リニナラナクツテモ大丈夫デセウ。」

「イヤ、其ノ人ガ當選スルコトハウタガヒナ
イガ、自分ノタフトイ選擧權ヲ棄テルトイ
フ事ハ、選擧人トシテカリソメニモスベキ
事デハナイカラ、カウシテワザワザ歸ツテ
來タノダ。

當選スルシナイハ別ニシテ、メイメイ自分
ノ適當ト信ジテキル人ニ投票スルノガ、ホ
ンタウノ選擧トイフモノダ。世間ニハ、イ
ロイロノ事情ノ爲ニ、或ハ信用モシテキナ
イ人ニ投票シタリ、或ハ棄權シテシマツタ
リスル人モアルガ、ソンナ事ヲスルノハ、
選擧ノ趣意ニソムイテキル。國民トシテ恥
ヅベキ事ダ。」

道雄ハ此ノ時、フト學校ノ級長選擧ノ事ヲ思ヒ
出シタ。道雄ノ學校デハ、此ノ間級長ガ轉校シ
タノデ、近々後任ノ選擧ヲスルコトニナツテキ
ルノデアツタ。道雄ハ誰ガ何ト言ツテモ、自分
デ一番適當ダト信ジテキル中村君ヲ選擧シヨウ
ト決心シタ。

をはり

権棄

適或棄趣

大正十年十二月五日發行

昭和四年十一月一日修正印刷

昭和四年十一月四日修正發行

（非賣品）

著作權所有

著作兼發行者　文部省

東京市小石川區久堅町百八番地

印刷者　大橋光吉

東京市小石川區久堅町百八番地

印刷所　共同印刷株式會社

文部省編纂(1922～1923)

『尋常小學 國語讀本』

卷十

第5學年 2學期

尋常
小學

國語讀本 卷十

文部省

目ろく

第一　明治神宮参拜

十月十二日、我等五年生一同は、河井先生にみちびかれて、東京代々木の明治神宮に参拝せり。

青山の神宮前停留場にて電車を下り、廣き参道を行くこと十町ばかりにして神宮橋に達す。橋を渡り、大鳥居をくゞりて南参道に入る。雨がはに木立すき間もなく茂りて、新しき宮の境内とは思はれず。左に折れて第二の鳥居を過ぎ、又右に折れて第三の鳥居の前に出づ。水屋の水に手を清め口をすゝぎて南神門を入れば、拜殿・廻廊(くわいらう)など總べて白木造にて、神々しさたとへん方なし。拜殿の前に進みて整(せい)列し、謹みて拜し奉る。明治天皇・昭憲(せうけん)皇太后、御二方のおほみたま、とこしへに此所にしづまりましますよと思へば、かしこさ殊に身にしみておぼゆ。

留達

神奉后

先生の説明によれば、當社の用材は主として木曽（きそ）産の檜（ひのき）なりとぞ。又日々に奉る供へ物には、御生前殊に御好みありし品々を選ぶ由なるが、それらの品を社務所にたづさへ来て、神前にさゝげたしと願ひ出づる者數多しといふ。

寶物殿に到りて御遺産を拜觀す。平生きはめて御質素にわたらせられし御有様、一つ一つの御品の上にうかゞはれて、無量の感に打たれたり。

それより社務所に行き、舊御殿・舊御苑（ぎよゑん）の拜觀を願ふ。何れも、御在世中しばしば行幸（ぎやうかう）・行啓ありし所にて、當時の御殿・御庭などの、今も其のまゝに保存せらるゝなりとぞ。案内の人にみちびかれて、まづ社務所の隣なる舊御殿を拜觀す。御殿は質素なる平屋にて、御庭の此所彼所に、下葉の色づきかけたるはぎ茂れり。はぎの御茶屋といふ名のあるも之がためなるべし。此所を出でて舊御苑に入り、木立の間の細道をたどれば、程なく小さき建物の前に出づ。名を隔雲亭（かくうんてい）といふ由なり。前には横長き池をひかへ、池のめぐりは見渡す限りの木立・くさむらにて、さながら別天地に遊ぶ思あり。昔の武藏（むさし）野の姿を此所に残さんとの皇太后の思召のまゝに、今も人工を加へずといふ。

坪

新

盡(尽)

舊御苑を出でて北参道より歸る。途中、先生は

「此の境内は廣さ約二十二萬坪。舊御苑と舊御

殿の邊とをのぞきては、立木きはめて少かり

しかば、新に植込みたる木の數、實に十數萬

本に及べり。大方は國民の眞心こめたる獻(け

ん)木にて、中には小學生の奉りたるものも少

からず。種類は大てい我が國に産する限りを

盡くし、産地は日本全國にわたれり。臺灣・

樺太(からふと)など、遠方より送り来れるもあ

れば、枯損ずるもの多かるべきに、ほとんど

皆勢よく根づきたるは、誠に驚くべき事なら

ずや。ひつきやう掘取る者、運ぶ者、植込む

者、一様に心を盡くして、大切に取扱ひたる
によるならん。又御造營の半ば頃より、各地
方青年團の御手つだひを願ひ出づる者數多か
りしかば、何れも十日間を限りて土木に從事
せしめたるに、通常の人夫にもまさりて仕事
ははか取りたりと聞く。これも眞心の致す所
なるべし。」
と語られたり。

扱
圭
圍

第二　アレクサンドル大王と醫師フィリップ

位 征 建設	昔ヨーロッパにアレクサンドル大王といふ王があつた。マケドニヤといふ小さな國の王子と生れ、二十一で位につき、わづか十數年の間に四方の國々を征服して、當時世界に類のない大國を建設した英雄である。
冷	其の大王が東方諸國の遠征に出かけた時の事である。或日王は部下の精兵を引連れ、燒けつくやうに熱い平原を横ぎつて、タルススといふ町に着いた。全身砂ぼこりにまみれた王は、町はづれを流れてゐるきれいな川にはいつて水浴をした。水は意外に冷たくて、まるで氷のやうであつた。
投 殺 經	此の水浴が體にさはつたものか、王は俄にはげしい熱病にかゝつた。陳頭に立つては百萬の敵を物とも思はぬ英雄も、病氣は如何ともすることが出來ない。ようだいは時々刻々に惡くなつて行く。醫師は皆、投藥してもし萬一の事があれば、毒殺のうたがひを受けはしないかと恐れて、たゞ經過を見守つてゐるばかりである。 此の有樣を見て、フィリップといふ醫師が、一命をなげうつても王を助けようと決心した。方法は或劇(げき)藥を用ひる外になかつたので、フィリップは眞心こめて此の事を申し出た。王

はこゝろよく之を許した。

フィリップが藥を調合しに別室へ退いた後へ、王の日頃信頼してゐるパルメニオ將軍から、王にあてた密書が届いた。それにはフィリップが敵から大金をもらふ約束で王を毒殺しようとしてゐるといふ風説があるから、用心するやうにと書いてあつた。王は讀終つて、そつと手紙をまくらの下へ入れた。

程なくフィリップは病室にはいつて來て、うやうやしく藥のコップを王にさゝげた。王は片手にそれを受取り、片手にかの密書を取出して、靜かにフィリップに渡した。

一口又一口、平然と藥を飲む王、一行又一行、おそれと興奮に眼かゞやくフィリップ。

やがて讀終つたフィリップが、眞青な顔をして王を見上げると、王は信頼の情を面にあらはして、フィリップを見下してゐた。

王は間もなく健康を回復して、再び其の英姿を陳頭にあらはす事が出來た。

調
頼
密

終

然
興奮
眼
面

第三　道ぶしん

育

十月二十五日は、青年團の道ぶしんの日であつた。團員は、午前七時八幡(まん)神社の境内に集つた。總員三十二人が四組に分れて、それぞれ仕事の持場に向つた。

午後四時、豫定の仕事を終へて、再び境内に集つた。熱い番茶にのどをうるほして休んでゐる所へ、此の頃墓參りのために朝鮮から歸つてをられる高橋さんが來られた。高橋さんは、あちらで長らく教育に從事してゐる人である。

「やあ、皆さん御苦勞ですね。今通つて見て來ましたが、大そうりつぱになりました。よくこんなに早く出來ましたね。どれ、私もお茶を一つ御ちそうになりませう。」

誰かが力石をころがして來て、土をはらつて高橋さんの爲に席を作つた。高橋さんは、すぐ前に居る順太郎君を見て、

「あなたもずゐぶん大きくなりましたね。おとうさんの若い時そつくりです。私も、あなたのおとうさんなどと一しよに、よく道ぶしんに出たものでした。」

高橋さんは、お茶を一口飲んで、

「郷里の青年諸君がこんなにまじめになつて來

たのは、何よりうれしい事です。私どもの若
い時分には、かういふ仕事になると、あなた
方の半分ぐらゐしか働きませんでした。朝の
かゝりはおそいし、晩のしまひは早い上に、
とかく無責(せき)任な事ばかりしてゐました。
そんな風でしたから、ぼんの道ぶしんなど
は、何時も二日はかゝつたものでした。皆さ
んの前に立つと、其の頃の心掛が恥づかしく
てなりません。

私が今度帰つて来て、はじめて青年團の規約を
見た時は、其のとゝのつてゐるのに驚いて、
これがまじめに實行されてゐるかどうかと、
少し氣になつたのでした。しかし、此の間夜
學を参觀した時の皆さんの熱心な様子や、今
日の働を見て、大そう心強くなりました。私
は此の村の青年諸君が、かうして修養にも實
行にも、骨を折つてをられるのを、うれしく
思ひます。

朝鮮の青年も、近頃はなかなか頭が進んで来
ましたので、あちらの教育に關係してゐる私
どもは、非常に喜んでをります。それにつけ
ても、諸君にも大いに奮發していたゞきたい
のです。」

高橋さんの熱心な話は、それからそれへと續い

| 歌 | て、團員に強い感動をあたへた。やがて暮近くなつたので、一同は元氣よく團歌を歌ひながら、夕日を浴びて歸途についた。 |

第四　馬市見物

宮本の伯父様の所に着いたのは昨夜七時でした。久々で皆様といろいろお話をして、非常に愉（ゆ）快でした。ちやうど此の頃、此所の名物の馬市が始つてゐるといふので、今日は朝から、義雄君に案内してもらつて見物に行きました。

だんだん市場に近づくと、本通も横町も皆馬でいつぱいです。なれない私は、大丈夫といはれても、やはり馬のそばを通るのが危険なやうな氣がしてならなかつたが、土地の人は一向平氣で、三四歳の子供でも、腹の下などを自由にくゞつて歩きます。馬も誠に従順で、けたりかみついたりするやうな事は決してしません。

市場は町はづれにあります。廣さは二町四方ぐらゐで、せり場を中央にして、其の周圍は馬つなぎ場になつてゐます。私の行つた時には、もう其所にすき間も無く子馬がつないでありました。皆二歳駒（ごま）ださうです。まだせりが始るのに間があるといふので、馬つなぎ場を見て廻つたが、どの子馬も皆かはいらしい顔

久

市

危險
向

周圍
無

をして、おとなしくつながれてゐます。
中には、母馬がつきそつて來てゐるのも
たくさんにあります。

子馬には大てい飼主の一家族がついて來
て、親切に世話をしてゐます。中には、
君ぐらゐの子供や、其のおかあさんらし
い人が、今日の別れを惜しんで、泣きな
がら豆やにんじんをやつたり、くびや背
をなでたりしてゐるのもあります。それ
を見ると、成程、こんなにかはいがられ
て居れば、馬も從順で人になつくわけだ
と、しみじみ思ひました。

族

背

せりの始つたのは十時頃でした。せり場の一方に高い臺があつて、其の上に掛の人が居る。子馬が一頭づつ中央の廣場に引出されると、黒山のやうに集つてゐる買手は、自分の見込で思ひ思ひの直をつけて、次第にせり上げる。其の間、買手の競爭する聲と掛の人の聲と入亂れて、非常ににぎやかです。さうして、もうこれが最高の直だと見ると、掛の人が其の直で賣渡すといふあひづに手を打つて、取引が成立ちます。

取引の成立つた馬は、其の日の中に買手に引渡されてしまひます。二年の年月苦勞して育てて來たものが、急に見ず知らずの人の手に渡つてしまふのだから、飼主が泣いて別れを惜しむのも、もつともな事です。

此の町では、二歳駒の市が十日間も續いて、其の間には千頭からの賣買があり、直段も一頭四千圓・五千圓といふ高いのがあるさうです。これ等の馬が日本全國に散らばつて、或は軍馬になり、或は馬車馬になり、或は耕馬になるのださうです。私は今日此所に來て、飼主たちがあん

直

買
段
圓

處(処)

なにかはいがつてゐたのを見て、此の子
馬共を買つた人たちも、どうか同じやう
にやさしく扱つてくれゝばよいと、心か
らいのりました。

歸りに散歩がてら町を歩いて見ると、賣
つてゐる菓子もおもちやも、多くは馬に
ちなんだ物で、店の看板にも馬がかいて
あるのがよく目につきました。成程、此
の邊は馬でもつてゐる處だと思ひまし
た。別封の繪葉書も歸りに買つたので
す。市場の樣子がよくわかるから、引合
はせて見て下さい。

　　　十一月二日　　　　　　　　兄から
　　　　信吉どの

第五　燈臺守の娘

嵐

許附救

英國の東海岸にロングストーンといふ島があ
る。其の一角にそびえてゐる燈臺に、年とつた
燈臺守が、妻と娘と三人で、わびしく其の日を
送つて居た。波風の外には友とするものもない
此の島で、老夫婦のなぐさめとなるものは、氣
だてのやさしい一人娘のグレース、ダーリング
であつた。

或秋の夜の事である。一そうの船が、俄の嵐に
おそはれて、此の島に近い岩に乗上げた。船は
二つにくだけて、船尾の方は見る見る大波にさ
らはれてしまつた。岩の上に殘つた船體には、
十人許の船員がすがり附いて、聲を限りに救を
求めたが、何のかひもなかつた。

夜がほのぼのと明けた頃、荒れくるふ海上を見
渡したグレース親子は、ふとはるかの沖合に、
かの難破船を見とめた。娘は驚いて、

「まあ、かはいさうに。おとうさん、早く助け
　に行きませう。早く早く。」

「あの波を御らん。かはいさうだが、とても人
　間業では救へない。」

「私は、とても人の死ぬのをじつと見ては居ら
　れません。さあ、行きませう。命を捨ててか

ゝつたら、救へないことはありますま
い。」

此のけなげな言葉は遂に父を動かした。二人は
早速ボートを出す支度に取りかゝつた。

やがてボートは岸をはなれた。打返す磯(いそ)波
にまき込まれたかと思へば、忽ち大波にゆり上
げ、ゆり下げられながら、沖へ沖へとつき進
む。親子は死力を盡くして漕ぎに漕いだ。岩の
附近は波がいよいよ荒れくるふ。打ちよせる大
波、打返すさか波、危く岩に打付けられ、忽ち
死の口に呑まれようとする。一進一退、たゞ運
を天にまかせて、二人はボートをあやつつた。

からうじてボートはかの難破船にたどり着いた。
生殘つた船員は涙を流して喜んだ。親子は非常な
危険ををかして、人々をボートに収容し、又あ

遂

漕　附

呑　退

らん限りの力をオールに注いで、我が家へと向
つた。つかれ果てた人々も、親子の勇ましい働
にはげまされて、我も我もと力をそへる。かう
してボートは再び荒波を切りぬけて、燈臺に歸
り着いたのである。

二日たつて、天氣も晴れ、波浪もをさまつた。
グレースの眞心こめた看護によつて、全く元氣
を回復した人々は、親子にあつく再生の恩を謝
し、名殘を惜しんで此の島を去つた。

今まで人にも知られなかつた燈臺守の娘グレー
ス、ダーリングの名は、程なく國の内外に傳は
つた。娘の勇ましい行爲は、歌に歌はれ、其の
肖(せう)像畫は到る處の店頭に飾られた。

注

浪

再

名殘

爲

畫(画)

第六　霧

しらじらと、朝霧　野山をこめて、
月のごと、日輪　ほのかに浮ぶ。
野路を行く人影　たゞちにきえて、
けたゝまし、もずの音、こずゑはいづこ。
谷間よりはひ出で、　木の幹ぬらし、
しらじらと、おぼろに　朝霧流る。

しめやかに、夜の霧　ちまたをつゝみ、
立並ぶ家々、　ともしびうるむ。
影のごと、人去り、　人來る大路、
ほろほろと聞ゆる　笛の音いづこ。
窓ぎはにはひ寄り、　ガラス戸ぬらし、
しめやかに、ひそかに　夜の霧流る。

輪
路
影

笛
寄

第七　パナマ運河

形

伏層岩割到

北アメリカが南アメリカに續く部分は、パナマ地峽(けふ)といつて、地形がきはめて細長くなつてゐる。此の地峽に造つた運河が、世界に名高いパナマ運河である。

パナマ地峽は一體に小山が起伏してゐる上に、地層にはかたい岩石が多い。其の外にもいろいろの理由があるので、此の地峽を切通し、平かな掘割を造つて、太平・大西兩洋の水を通はせることは到底出來ぬ事であつた。そこで此の運河は、非常に變つた仕組に出來てゐるのである。

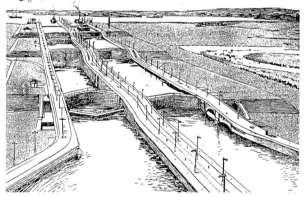

先づ地峽の山地を流れてゐる河の水をせき止めて、湖を二つ造つた。高い土地の上に水をたゝへ

結

設

たのであるから、湖の水面は海面よりずつと高い。此の湖へ兩方の海から掘割が通じてある。所で、此の高い湖と低い掘割を何の仕掛もなしに連結すれば、湖の水は瀧のやうに掘割へ落込んで、とても船を通すことは出來ないから、掘割の處處に水門を設けて、たくみに船を上下する様にしてある。

今太平洋の方から此の運河を通るとする。船は先づ海から廣い掘割にはいる。しばらく進むと水門があつて、行くてをさへぎつてゐる。近づくと、門の戸びらは左右に開いて、船が中にはいり、戸びらはしまる。上手にも水門があるので、船は大きな箱の中に浮いてゐる形である。底の水道から水がわき出て、船は次第に高く浮上る。と、上手の水門が開いて、船は次の箱の中へはいる。前と同じ方法で、船はもう一段高く浮上り、次の水門を越して、小さい人造湖に

湖

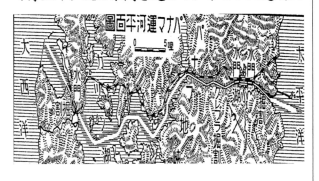

出る。此の湖を横ぎると又水門があつて、船は
さらに一段高くなる。かうして前後三段に上つ
た船は、海面より約二十六メートルも高い水面
に浮ぶのである。

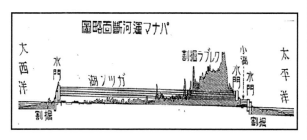

それから船はクレブラの掘割を通る。これは高
い山地を切通したもので、此處を切通すのは非
常な難工事であつたといふ事である。掘割を通
過して船は又湖に出る。ガツン湖といつて、廣
さが霞（かすみ）が浦の二倍以上もある大きな人造
湖で、湖上に點々と散在してゐる島々は、もと
此處にそびえてゐた山々である。此の湖を渡つ
て又水門を通過する。今度は前と反對に、順次に
三段を下つて、海と同じ水面に浮ぶ。此處から
又掘割を走つて、終に洋々たる大西洋に出るの
である。運河は全長五十哩餘り、凡そ十時間前
後で之を航することが出來る。
パナマ地峽に運河を造る事は、數百年來ヨー
ロッパ人のしばしば計畫したところで、實地に

億費應用文

大仕掛の工事を行つた事もあつたが、成功を見るに至らなかつた。最後にアメリカ合衆國は、國家事業として此の工事に着手し、十年の歳月と八億圓の費用とを費して、我が大正三年、遂に之を造り上げたのである。

米國が此の運河を造るに成功したのは、主として、最新の學理を應用したからであつた。衛生の設備をよくして危險な病氣を根絶し、幾萬の從業者の健康をはかつた事や、ほとんどあらゆる文明の利器を運用して、山をくづし、地をうがち、河水をせき止めた事など、一としてそれならぬものは無い。

昔、太平・大西兩洋の間を往來する船は、はるか南アメリカの南端を大廻りしなければならなかつた。しかしパナマ運河の開通以來は、此の不便が無くなり、したがつて世界の航路に大きな變動を生じたのである。

第八　開墾

村はづれにある、うちの雜(ざふ)木山を開墾(こん)し始めてから、もう一月餘りになる。父は毎日、兄や木びきの力藏さんと、朝早くから行つて、夕方おそくまで働いてゐる。今日は私もついて行つて見た。

かり取つた雜木、切倒した大木、堀起した木の根や石ころ、まだあらごなしの開墾地は、まるで足のふみ場も無い有様である。私は思はず、

「やあ、すつかり變つた。」

と聲をあげると、兄は

「うん、これが四十日間の汗のたまものさ。」

といつて、かついで來たつるはしを下へ置いた。

地面は霜で眞白である。あたりは如何にも靜かで、たまに散る落葉の音が、かさりかさりと聞える。兄はそこらに散らばつてゐる木の根や、小枝などを拾ひ集めて來て、たき火を始めた。父は腰から鎌をぬきながら、

「あゝ、今朝はなかなか寒い。指の先がしびれるやうだ。」

といつて、たき火のそばの切りかぶに腰を下し、

鎌をとぎにかゝつた。力藏さんも、

「しかし天氣が續いてよいあんばいだ。」

と誰に言ふともなく言つて、昨日からひきかけてゐるけやきの大木を、大のこぎりでひき始めた。父は

「力藏さん、まあ、一服やつてから始めなさい。」

といつたが、力藏さんは見向きもせずに、元氣な聲で、

「朝のうちに此のけやきだけぶつ倒したいと思つてね。」

と答えて、止めようともしない。ずいこずいこといふのこぎりの音が、あたりの静かさを破る。

向ふの山の頂に日の光が赤々とさして來た。何處からか、ほがらかなひよどりの聲が聞える。やがて父は、鎌を手にして雜木のやぶへはいつて行つた。兄は私に

「壯吉、お前はおとうさんのかつた雜木を、かういふ風に束ねて運んでくれ。」

といひながら、生木の枝で雜木を束ねて見せた。さうして兄は腰の手ぬぐひを取つて鉢まきにし、父のかり取つたあとを元氣よくつるはしで

堀返し始めた。私は教へられた通り、雜木を束ねては運び、運んでは又束ねて、精一ぱいに働いた。

しばらくの間めいめいがこんな風に働いてゐると、谷向ふのくさむらの中から、けたゝましい羽ばたきの音を立てて、山鳥が一羽飛立つた。同時に獵(れふ)銃の音が續けざまに二發聞えた。日は大分高くなつてさわやかにかゞやき、高い高い青空を、ひわの一群が身輕さうに飛んで行く。

父は

「かうしてみんな手をそろへて働けば、來年の秋はもう眞白な蕎麥(そば)の花で、此の地面が埋まつてしまふのだ。」

と樂しさうに言つた。

かる、切る、掘る、運ぶ、誰も彼も一心不亂に働くので、仕事は豫想以上にはかどり、九時頃にはもう數坪の地面が新しく開かれた。力藏さんのひいてゐるたけやきの大木も、見事に根本から切倒された。

第九　陶【たう】工柿右衞門

縁

窯場(かまば)から出て来た喜三右衞門(きさゑもん)は、縁先に腰を下して、つかれた體を休めた。日はもう西にかたむいてゐる。ふと見上げると、庭の柿の木には、すゞなりになつた實が夕日を浴びて、珊瑚(さんご)珠のやうにかゞやいてゐる。喜三右衞門は餘りの美しさにうつとりと見とれてゐたが、やがて

「あゝ、きれいだ。あの色をどうかして出したいものだ。」

自

とつぶやきながら、又窯場の方へとつて返した。日頃から自然の色にあこがれてゐた彼は、目のさめるやうな柿の色の美しさに打れて、もう立つても居ても居られなくなつたのである。

困

罵
唯

喜三右衛門は、其の日から赤色の燒付に熱中した。しかしいくら工夫をこらしても、目ざす柿の色の美しさは出て來ない。毎日燒いてはくだき、燒いてはくだきして、歎息する彼の様子は、實に見る目もいたましい程であつた。

困難はそればかりで無かつた。研究の爲には、少からぬ費用もかゝる。工夫にばかり心をうばはれては、とかく家業もおろそかになる。一年と過ぎ二年とたつうちに、其の日の暮しにも困るやうになつた。弟子たちも此の主人を見限つて、一人逃げ二人逃げ、今は手助する人さへも無くなつた。喜三右衛門はそれでも研究を止めようとしない。人は此の有様を見て、たはけとあざけり、氣ちがひと罵つたが、少しもとんぢやくしない。彼の頭の中にあるものは、唯夕日を浴びた柿の色であつた。

かうして五六年はたつた。或日の夕方、喜三右衛門はあわたゞしく窯場から走り出た。

「薪は無いか。薪は無いか。」

彼は氣がくるつた様にそこらをかけ廻つた。さうして手當り次第に、何でもひつつかんで行つては窯の中へ投込んだ。

喜三右衛門は、血走つた目を見張つて、しばらく火の色を見つめてゐたが、やがて「よし。」と

叫んで火を止めた。

其の夜喜三右衞門は窯の前を離れないで、もどかしさうに夜の明けるのを待つてゐた。一番鷄の聲を聞いてからは、もうじつとしては居られない。胸ををどらせながら窯のまはりをぐるぐる廻つた。

いよいよ夜が明けた。彼はふるへる足をふみしめて窯をあけにかゝつた。朝日のさわやかな光が、木立をもれて窯場にさし込んだ。喜三右衞門は、一つ又一つと窯から皿を出してゐたが、不意に「これだ。」と大聲をあげた。

「出來た出來た。」

皿をさゝげた喜三右衞門は、こをどりして喜んだ。

かうして柿の色を出す事に成功した喜三右衞門は、程なく名を柿右衞門と改めた。

柿右衞門は今から三百年ばかり前、肥前の有田にゐた陶工である。彼は此の後も尚研究に研究を重ね、工夫に工夫を積んで、世に柿右衞門風といはれる精巧な陶器を製作するに至つた。柿右衞門はひとり我が國内において古今の名工とたゝへられてゐるるばかりでなく、其の名は遠く西洋諸國にまで聞えてゐる。

離鷄

皿

尚

巧

第十　銀行

預	「おとうさん、今度役場の隣にりつぱな建物が出來ましたね。あれは何ですか。」 「あれは銀行だよ。今までは横町の小さい家だつたが、今度はあゝいふりつぱなのを建てたのだ。」 「銀行といへば、おとうさんは、何時かも銀行へ行つてお金を預けて來るとおつしやいましたね。銀行はお金を預ける處ですか。」 「まあ、さうだね。」 「一體、なぜお金を預けるのですか。」
預	「お金といふものは、うちにしまつて置くものではない。うちに置くと、火事にあつたり、盗人に取られたりする危険があるからね。さうで無くても、餘分のお金があると、ついむだな事に使つてしまふ。だから、少しでも餘つたお金があつたら必ず預金にして置くものだ。」 「預けたお金は何時でも返してもらへますか。」
期	「銀行の預金には定期預金といふのと當座預金といふのがある。當座の方は何時でも引出す

ことが出來るが、定期の方は、預けた日から半年とか一年とかきまつた期限が來ないと引出すことが出來ない。」

「それでは當座預金の方が便利ですね。」

「便利だが、その代り利子が安い。定期の方には利子がずつと多く附く。だから當分使ふ見込のない、まとまつたお金は定期預金にした方がよいのだ。」

「一體、銀行は人からお金を預つてそれをどうするのですか。大勢の人に利子を拂ふだけでは、銀行が損をしないでせうか。」

「世の中にはお金の有餘つてゐる人もあるが、又何か事業を起さうと思つてゐる人で、お金のない人がある。銀行は有餘つてゐる人からお金を預つて、資金の足らぬ人に貸附けるのだ。貸附の利子は預金の利子より高くしてあるから、其の差だけが銀行の收入になるのだ。」

「成程、うまく出來たものですね。」

限

拂（払）

貸

差

第十一　傳書鳩

玉 羽毛	寶玉をちりばめたやうなかはいゝ目、紅をさしたかと思はれるやさしいくちばし、美しい羽毛に包まれた圓い胸、鳩(はと)は見るからに愛らしいものである。此の愛らしい小鳥が、他の方法では全く通信が出來なくなつた場合でも、いろいろの困難ををかして、遠い處まで使者の役目を務めると聞いては、誰でも驚かない者はあるまい。
證	鳩を通信に使つたのは、餘程古い時代からの事で、殊に一時は非常に盛に行はれたが、無線電信などが發明せらて以來、自然輕んぜられるやうになつた。ところが、先年の歐(おう)洲大戰で、やはり此のやさしい、しかも勇ましい通信者の働の偉(ゐ)大な事が證明せられたので、今では各國共に盛に傳書鳩の改良に力を用ひ、其の飼養を奬(しやう)勵してゐる。
飼 勵	鳩は餘程遠い處で放しても、正しく方向を判定して、矢のやうに自分の巢に飛歸る。それ故鳩の體に手紙を附けて放せば、容易に通信が出來るのである。
普	普通傳書鳩を使用する方法は、一定の飼養所から他の土地に連れて行つて、飛歸らせるのである。しかし此の外に、往復通信の方法もある。

それは、豫め甲乙の二地をきめて置いて、一方を飼養所、一方を食事所とし、飼養所から食事所へ通つて食物を取るやうに馴らして、其の往來を利用するのである。鳩は一分間に約一キロメートルも飛ぶ力があるから、四五十キロメートルの處を往復して食事するぐらゐは何でも無い。又暗い時の飛行に馴れさせて、夜間に使ふ事も出來るし、飼養所を移動し、其處を見覺えさせて飛歸らせるやうにする事も出來る。

鳩に手紙を運ばせるには、足にアルミニウムかセルロイドの細いくだを附け、又は胸に袋を掛けさせて、其の中に入れるのである。

傳書鳩を利用する場合はなかなか多い。飛行機の不時着陸地點を知らせたり、漁業者が沖から獲物の多少や難船の有様を通知したり、登山者が路に迷つて危險におちいつた時、救を求めたり、いろいろに利用する事が出來る。又戰争の時戰線から戰狀を報じたり、援兵を賴んだりす

るに使ふのも其の一つである。殊に要塞(さい)が敵にかこまれて、無線電信機は破壊(くわい)せられ、傳令使は途中で要撃せられ、全く方法の盡きた場合などには、此の勇ましい小傳令使にたよるより外はない。

あゝ、あのかはいゝ鳩が、一度任務を命ぜられると、勇ましく高空に輪を畫がきながら、しかと方向を見定め、矢のやうに目的地へ向つて飛んで行くのを見たならば、何人も其のかしこさと勇ましさに感心しない者はあるまい。

畫的

第十二　鉢の木

僧 門	雪の日の夕暮に近き頃、上州佐野の里に、つかれし足の歩重くたどり着きたる旅僧あり。とあるあばら家の門口に杖を止めて、一夜の宿を貸し給へとこへば、身なりはそまつなれど氣品高き婦人立出でて、
留守	「折あしく主人が留守でございますので。」
迎	とことわりぬ。されど婦人は、氣の毒とや思ひけん、僧をば待たせ置き、おのれは主人を迎へにとて外に出行きけり。 折から、たもとの雪を打拂ひ打拂ひつゝ此方へ來かれるは、此の家の主人なるべし。
榮	「おゝ、降つたは降つたは。世に榮えてゐる人がながめたら、さぞ、面白い事であらうが。」
	感がいに打沈みてとぼとぼと歩を運ぶ。ふと我が妻を見つけて、 「此の大雪に、どうして出かけたのか。」 「旅僧が一夜の宿を頼むとおほせられて、あなたのお歸を待つていらつしやいます。」 主人は急ぎて家に歸りぬ。
宿	僧は改めて主人に一宿をこへり。されど主人は、

泊	「御覧の通りの見苦しさ、お氣の毒ながら、とてもお泊め申す事は出來ません。此處から十八町程先に、山本といふ宿場があります。日の暮れない中に、一足も早くお出かけなさい。」 といふに、僧は返す言葉もなくて出行きぬ。 すごすごと立去る僧の後影を見送りたる妻は、やがて夫に向ひて、 「あゝ、おいたはしいお姿。とても明るいうちに山本まではお着きになれますまい。 お泊め申してはいかゞでございませう。」 同情深き妻の言葉に、主人はいたく心動きて、 「ではお泊め申さう。此の大雪、まだ遠くは行かれまい。」 

失

主人は僧の後を追ひて外に出でぬ。

「なうなう、旅のお方、おもどり下さい。お宿
　致しませう。」

主人は聲を限りに呼べど、はるかに行過ぎたる
僧は、聞えぬにや、ふりかへらず。降積む雪に
道を失ひ、進みもやらずたゝずみたる様は、古
歌に

　　　駒(こま)とめて袖打拂ふかげもなし、

　　　　　　佐野のわたりの雪の夕暮。

といへるにも似たりけり。

からうじて僧をともなひ歸れる主人は、物かげ
に妻を呼びて、

「お連れ申しはしたが、差上げる物はあらう
　か。」

「粟(あは)飯ならございますが。」

主人はうちうなづきて出來り、僧に向ひて、

「お宿は致しても、さて何も差上げる物はござ
　いません。ちやうど有合はせの粟の飯、召上
　るならと妻が申してをりますが、いかゞでご
　ざいませう。」

「それはけつこう、頂きませう。」

やがて運び來れる貧しき膳(ぜん)に向ひ、僧は喜
びて箸を取りぬ。

圍坐	三人はゐろりを圍みて坐せり。ゐろりの火は次第におとろへ行きて、ひまもる夜風はだへをさすが如し。
	「だんだん寒くなつて來たが、あやにく薪も盡きてしまつた。 さうださうだ。あの鉢の木をたいて、せめてものおもてなしにしよう。」
梅	とて主人の持來れるは、秘(ひ)藏の海・松・櫻の鉢植なり。僧は驚きて、
	「お志は有難いが、そんなりつぱな鉢の木をたくのは、どうぞ止めて下さい。」
	「私はもと鉢の木がすきで、いろいろ集めた事もありましたが、かう落ちぶれては、それも無用の物好と思ひ、大てい人にやつてしまひました。しかし此の三本だけは、其の頃のかたみとして、大切に殘して置いたのでございますが、今夜は之をたいて、あなたのおもてなしに致しませう。」
	主人は三本の鉢の木を切りてゐろりにたきぬ。僧は其の厚意を深く謝し、さて
失	「失禮ながらお名前を聞かせて頂きたい。」
	「いや、名前を申し上げる程の者ではございません。」

主人はけんそんして言はず。僧は重ねて

「お見受け申す所、たゞのお方とも思はれません。是非お明かし下さい。」

「それ程おつしやるなら、恥かしながら申し上げませう。佐野源左衞門(ざゑもん)常世と申して、もとは佐野三十餘郷の領主、それが一族どもに所領を奪はれて、此の通りの始末でございます。」

といひて目をふせしが、主人はやがて語氣を改めて、

「かやうに落ちぶれてはゐるものの、御らん下さい、これに具足一領、長刀一ふり、又あれには馬を一匹つないでもつてをります。唯今にも鎌倉の御大事といふ時は、ちぎれたりとも、此の具足に身を固め、さびたりとも長刀を持ち、やせたりともあの馬にうち乗つて一番にはせ参じ、眞先かけて敵の大軍に割つて入り、これぞと思ふ敵と打合つて、あつぱれてがらを立てるかくご。しかし此のまゝに日を送つては、唯空しくうゑ死する外はございません。」

一語々々、心の底よりほどばしり出づる主人の物語に、いたく動かされたる旅僧は、兩眼に涙をたゝへて聞きゐたり。

郷
奪
末

長刀

空

翌朝僧は暇をこひて又行くへ知らぬ旅に出でんとす。始は身の上をつゝみ、貧の恥をつゝまんとして宿をことわりし常世も、一夜の物語にうちとけては、名殘なかなか盡きず。今一日留り給へとすゝめて止まざりき。旅僧もまた主人夫婦の情心にしみて、そゞろに別れがたき思あり。されどかくて何時まで留るべき身ぞと、心強くも立去りけり。

降積みし雪もあと無くきえて、山河草木喜にあふるゝ春とはなれり。頃しも鎌倉より、勢ぞろへの沙汰俄に國々に傳はりぬ。常世は、時こそ來れと、やせ馬にむちうつてはせつけたり。やがて命ありて御前に召されぬ。諸國の大名・小名きら星の如く並べる中に、常世はちぎれたる具足を着け、さび長刀を横たへ、わるびれたる様もなく、進みて御前にかしこまれば、最明寺(さいみやうじ)入道時賴(ときより)はるかの上座より、

「それなるは佐野源左衛門常世か。これは何時ぞやの大雪に宿を借りた旅僧であるぞ。其の時の言葉にたがはず、眞先かけて參つたは感心の至り。さて一族どもに奪はれた佐野三十餘郷は、理非明らかなるによつて汝に返しあたへる。又寒夜に秘藏の鉢の木を切つてたいた志は、何よりもうれしく思ふぞ。其の返禮と

して加賀に梅田、越中(ゑつちゆう)に櫻井、上
野(かうつけ)に松井田、合はせて三箇所の地を
汝に授ける。」

時頼は尚一同に向ひて、

「今度の勢ぞろへに集つた諸侍の中に、訴訟ある
者は申し出るがよい。理非を正して裁断致す
であらう。」

一同謹んで承る中に、常世は有難さ身にしみ、
喜にみちて御前を退きけりとぞ。

授

侍
訴訟

断

第十三　京城の友から

しばらく御無沙汰致しました。皆様御かはりはありませんか。こちらも一同無事です。何時か御約束した通り、今日は當地の様子を少しばかり申し上げます。

汽車で京城へ來る人は通常京城驛で下りるのです。此の停車場を出て大通を東北に進むと、二町ばかりで大きな門の前へ出ます。此の門が南大門です。京城の市街は、もと石でたゝんだ高い城壁で圍まれ、その處々にかういふ門があつて、出入口になつてゐたのださうです。今でも城壁は大部分昔の面影を留めてゐますし、門も主なものは殘つてゐます。南大門通から本町通・黄金町通・鐘路(しようろ)通にかけての一帶が、京城での一番にぎやかな處です。

驛の東の方に南山といふ山があつて、其の一部が公園になつてゐます。此處には天照大神と明治天皇とをおまつりした朝鮮神社があります。

僕はもう南山へ何度も上りましたが、此處からは京城の市街がまるで繪のやうに見えます。市街の周圍を取圍んだ山々は地

京

街

留

天照大神

宮構

府

館

煉瓦

展

編

はだが白く、それに松がまばらに生えて
ゐます。南山と向ひ合つて北岳(がく)と
いふ山がありますが、其のすそには、松
林を後にして右に昌徳(しやうとく)宮、
左に景福宮の壮大な構があります。此の
附近には一帯に朝鮮家屋があり、景福宮
の構(こう)内には新築(ちく)の朝鮮總督
(とく)府が見えます。其の手前には德壽
(とくじゆ)宮、なほ手前には公會堂・朝
鮮ホテル・朝鮮銀行・郵便局などのりつ
ぱな洋館がそびえてゐます。少しはなれ
て、右の方の小高い岡の上に天主教會堂
がそびえて見えます。すみきつた空氣の
中に煉瓦の赤色や、松の緑色などが鮮か
に浮出して見えるのは實にきれいです。

京城の西南部に龍(りゆう)山といふ處が
あります。龍山はもと漢江(かんかう)に
のぞんだ小さな町であつたが、京城の發
展するに連れて次第に廣がり、兩方が町
續きになつて、今では龍山も京城の中に
編入されたのださうです。此處には軍司
(し)令部や龍山停車場などがあります。

こちらへ來てもう三月餘りになりますが、

よくも續くと思ふくらゐの天氣續きで、雨といふものはごくたまにしか降りません。殊に秋晴の美しさはかくべつで、遠足好きの君なら、毎日何處へか出かけたくてたまらないだらうと思ひました。

此の頃は大分寒くなつて、朝は攝(せつ)氏零(れい)度以下何度といふきびしさ、學校へ行く途中などは、寒いといふよりもいたいやうに感じます。面白いのは、三日四日續いて寒ければ、其の次には又其のくらゐの間暖さが續くといふやうに、寒さと暖さがほとんど規則正しく交替することです。こちらでは昔から之を三寒四温といつてゐるさうです。

お知らせしたい事はまだいろいろありますが、大分長くなりましたから、今日は此のくらゐにして置きます。どうか御兩親様によろしく。おついでに野田君や山口君にもよろしく。

　　十二月十八日　　　　　　原　安雄
　　水野竹次郎君

則
蟄

第十四　炭坑

<table>
<tr><td>

炭

降
圖
往

備

</td><td>

此の間、九州三池の或炭坑(かう)を見物しました。

事務所で坑内服に着かへ、安全燈を持つて、案内の事務員と一所に昇(しよう)降器に乗りました。合圖のかねが鳴るとすぐ動き出す。地下水のしづくが、四方から雨のやうに落ちて來る。昇降器がすさまじい勢で下りて行くので、目がまはりさうです。安全燈の取手(とつて)を握りしめて、じつと目をつぶつてゐるうちに、何時の間にか、地下九百尺の坑底に着きました。

昇降器を下りて、あたりを見まはすと、周圍の壁は皆石炭で、それが電燈の光に物すごく光つてゐます。此處から方々へ坑道が通じてゐて、廣い坑道には、電氣機關車が炭車を引いて往つたり來たりしてゐます。

坑道を少し行つて、ポンプ室の前に出ました。室の中には、大きなポンプが幾つも、すさまじい勢で活動してゐます。これは炭坑内の地下水を坑外へ汲出す爲で、こんな大きなポンプを備へ附けてゐる處は、世界でも珍しいさうです。

ポンプ室を出てから小道へはいりました。此處は電燈も無いので、眞暗です。安全燈をたよりに

</td></tr>
</table>

歩いて行くと、不意に足もとからねずみが一匹飛出しました。ぱつと思つて立止ると又一匹。事務員は平氣で、

「坑内には、ねずみがたくさん居て困ります。」

と言つて笑ひました。

其のうちに馬屋の前に出ました。二三十匹の馬がまぐさを食つてゐます。坑内に馬が居るのは不思議だと思つて、聞いてみると、これは石炭を運ぶために飼はれてゐるのださうです。

馬屋の前を通つてだんだん奥深く進むと、いよいよ石炭を掘つてゐる處へ來ました。つるはしの音がこつつりこつつり聞える。暗やみの中にかすかに安全燈が光つてゐる。近づいて見ると、坑夫が汗だらけになつて、元氣よく石炭を掘つてゐます。つるはしの先がきらりと光る。石炭ががさりと崩れる。又つるはしをふり上げる。石炭の壁は安全燈の光に照らされて、黒光

思

崩

りに光つてゐます。採炭坑夫は四人づつ一組に
なつてゐて、其の内の二人が石炭を掘崩すと、
他の二人がそれをざるで運んで炭車に入れる。

炭車が一ぱいになると、馬方がそれを馬に引かせ
て、電氣機関車の通ふ道まで運んで行きます。

帰途、事務員は次のやうな事を話してくれまし
た。

「今から四百年許前の事ださうです。或日、此の
　附近の山へ薪をとりに来た百姓が、たき火を
　してゐると、そばの黒い岩に火がつき、煙を
　あげて燃出しました。驚いて調べてみると、
　あたりは同じ眞黒な岩ばかりでした。それか
　ら『燃える石』といふひやうばんが高くなつ
　て、附近の村々では之をとつて薪の代りに使
　ふやうになりました。これがつまり此の炭坑
　の始ださうです。」

更

坑外に出ると、急に夜が明けたやうで、日光の有難さをしみじみ感じると共に、あの坑内でたえず活動してゐる坑夫の仕事を、たふといものに思ひました。事務所の湯にはいつて服を改めると、更に生きかへつたやうな氣持がしました。

第十五　輸出入

羊

重

我々が今日生活して行くには、我が國で出來る品物ばかりでは用が足らない。又國内で出來るものを使ふよりも、時には外國の品を使ふ方が都合のよい事もある。種々の品物が遠く外國から輸入されるのは、主にこれ等の事情からである。

米は我が國でずゐぶん多くとれるが、全く外國米の足しまへを受けぬわけには行かない。それで、印度支那半島あたりから年々輸入してゐる。又毛織物の原料になる羊毛は、我が國ではほとんど産しないから、オーストラリヤ・南部アフリカなどから輸入する。機械類は、近年我が國でも盛に製造されるやうになつたが、物によつては、やはり外國の品を買つた方が得な場合が少くない。それで、機械類もまだかなり多く輸入されてゐる。

我が國は種々の品物を輸入してゐるばかりでなく、國内で出來た物を外國へ輸出することもなかなか多い。輸出品の主な物は、生絲・綿織物・綿絲・羽二重・銅・茶・マッチなどで、輸出先はアメリカ合衆國・支那・イギリス・フランス等である。

又外國から原料を輸入し、それに加工して、更

豚

額

印

に外國へ輸出する事も少くない。綿花は主に印度やアメリカ合衆國から輸入し、それに加工して綿絲や綿織物を造る。これらの製品は我々の使ひ料にもなるが、又支那・印度其の他の東洋諸國へ輸出される。支那の豚の毛が輸入されて日本でブラシに造られ、又支那へ輸出されるなども同じ例である。

最近における我が國の輸出入總額は數十億圓の多額で、之を十年前の額に比べると、實に數倍である。輸出入の額の増加して行くのは國家が次第に盛になる印である。

第十六　登校の道

登

銀

冬の朝日のさす軒下に、
俵あむ手のいそがしげなる
父と母とに暇を告げて、
勇みて出づる我が家の門。

こずゑ明るき林を行けば、
やぶかうじの實木の根に赤く、
霜柱たつやぶかげの路、
ふめばさくさく銀みだる。

整

耕地整理のあとうつくしく、
並ぶ田の面に氷きらめき、
新道づたひ車重げに
ひき來る馬のつく息白し。

村の社の掃除(さうぢ)や終へし、
はうき手に手に此方をさして
語りつゝ來る若き人々、
交　　今朝とく出でし兄も交れり。

第十七　言ひにくい言葉

　　　ナマムギナガゴメナガタマゴ。

　　　ナマムギナマモメナマタマゴ。

幾度もくりかへしてゐる中に、太郎は

　　　生麥生米生卵。

と、早口にすらすら言へるやうになつた。太郎は得意になつて、

「おとうさん、こんなに言ひにくい言葉は外に無いでせう。」

といふと、父はにこにこ笑ひながら、

「おとうさんは、もつと言ひにくい言葉を知つてゐる。」

「何といふ言葉ですか。」

「『はい。』といふ言葉と、『いゝえ。』といふ言葉だ。」

「『はい。』『いゝえ。』大變やさしい言葉ではありませんか。どうしてそんなに言ひにくいのです。」

父は

「誠にやさしいやうだが、それで中々言ひにくい場合があるのだ。」

翌日太郎が友だちの正雄・良一と三人連で、學

校から歸る時の事であつた。「本道は遠いから近道を通らう。」と正雄が言ふと、良一はすぐ賛成した。其の近道といふのは田のあぜ道で、途中にはかなり深い小川にかけ渡した一本橋がある。太郎は前から父に、「あの橋は危險だから決して渡つてはならぬ。」と固く禁ぜられてゐたのであるが、友だちのすゝめをことわりかねて、一所に渡り出した。すると橋はまん中から折れて、三人は水中におちいつた。さいはひ附近の田で働いてゐた村の人々に助けられ、何れもぬれねずみのやうになつて家に歸つた。

父は

「お前はどうしたのだ。かねてあぶないといつて置いた、あの橋を渡つたのでは無いか。」

とたづねたが、太郎はだまつてゐた。

其の夜又父に強く聞きたゞされて、太郎はやつと今日の次第を有りのまゝに話した。父は

「なぜ其の時『いゝえ、僕は止められてゐるから渡りません。』と、きつぱりことわらなかつたのか。」

「僕は再三ことわつたのです。すると、しまひに皆が僕の事を弱蟲だといつて笑ひました。僕は殘念でたまらなくなつたので、何此のく

らゐの事がこはいものかと、自分から先に立
つて渡つたのです。」

「成程弱蟲だ。人の言ふことに對して『いゝえ。』
と言切るには、ほんたうの勇氣がいる。お前
のやうな弱蟲には、ひよつとすると命を失ふ
やうなあぶない時でも、言出すことの出來な
い程、『いゝえ。』といふ言葉は言ひにくいの
だ。

それから又、晝間私が聞いた時、なぜすなほ
に『はい。』といはなかつたのだ。」

「僕何だかきまりが惡くつて、さう言へなかつ
たのです。」

「それ御らん。『はい。』も言ひにくい言葉では
無いか。」

悔　太郎はつくづくと自分の惡かつた事を後悔する
と共に、「はい。」と「いゝえ。」の言ひにく
いわけをさとることが出來た。

第十八　文天祥

支那の宋(そう)朝の末、北方に元といふ國おこり、勢日々に盛にして、宋の領地ををかしゝかば、宋は次第におとろへて、ほとんど亡びんとするに至れり。

宋の臣文天祥(しやう)大いに之をうれへ、義兵を集めて國難を救はんとす。其の友之を止めていはく、「羊の虎に向ふが如し。危し。」と。天祥きかずしていはく、「我もとより之を知る。唯國家の危きを如何せん。」と。出でて元軍に當る。

然るに元軍の勢いよいよ盛にして、宋軍到る處に敗れ、皇帝・皇后も遂に敵手に落ちぬ。こゝにおいて皇兄位をつぐ。文天祥命を奉じ、各地に轉戰して元軍を破る。されど宋軍の大勢日々に非にして、天祥の誠忠を以てしても如何ともすることあたはず。たまたま元の大軍至るに及んで天祥大いに敗れ、遂に敵兵に捕へらる。

時に宋の勇將張世傑(ちやうせいけつ)よく戰ひて元軍を防ぐ。敵將張弘範(こうはん)如何にもして之を降らしめんとし、文天祥に命じていはく、「書をしたゝめて張世傑を招け。」と。天祥固くこばみていはく、「我、國を救ふことあたは

亡

羊
虎

敗
兄

以

捕

隆

富　　病効治　　從	

ず、いづくんぞ人をいざなひてそむかしめんや。」と。

張世傑等の奮戦も大勢を轉ずることあたはずして、宋遂に亡びしかば、張弘範、文天祥に説きていはく、「宋亡びぬ。御身の忠義を盡くすべき所なし。今より心を改めて元に仕へば、富貴は意の如くならん。」と。天祥きかず。或人又なじりていはく、「汝大勢の如何ともすべからざるを知つて、何ぞいたづらに苦しむことの甚だしきや。」と。天祥いはく、「父母の病あつければ、醫藥の効なきを知りても、尚治療(れう)につとむるは人情の常にあらずや。心力を盡くしてしかも救ふことあたはざるは天命なり。事既にこゝに至る。天祥唯死せんのみ。」と。遂に獄(ごく)に投ぜらる。

元の皇帝深く文天祥を惜しみ、ねんごろに諭(さと)して元に仕へしめんとす。天祥いはく、「我は宋の臣なり。いづくんぞ二朝に仕へんや。願はくは我に死をたまへ。」と。帝其の志の動かすべからざるを知り、之を刑(けい)場に送らしむ。天祥刑せらるゝにのぞみ、從容としていはく、「臣が事終る。」と。うやうやしく南、宋の方を拜して死す。

元帝歎じていはく、「文天祥は眞の男子なり。」と。

第十九　温室の中

香

寒い北風に吹かれながら、冬枯の小道を通つて來て、一足温室の中にはいると、全く別の世界に來たやうな心持がする。とりどりの花の色、むせ返るやうな強い香ぼうつと身に感じる暖さ、ガラス屋根を通して來るやはらかい日の光、まるで春の國に居るやうだ。先に立つたにいさんが、

「あゝ、咲いてゐる、咲いてゐる。みよ子、ずるぶん珍しい花があるだらう。此處は重に蘭(らん)の類を集めてある處だ。熱帯地方から持つて來たのだから、かうして年中六七十度以上の暖さの處に置かなければいけないのだ。」

と、いろいろ説明して下さる。たくさん咲いてゐる中で一番美しいのは、たれ下つた莖に、幾つも咲いてゐる薄紅色の花である。それから少し行くと、うつぼかづらといふものがある。葉の先からつるを出して、五六寸の細長い袋をつるしてゐる。

薄

「此の袋で蟲をとるのだ。中をのぞいて御らん、何かはいつてゐるやうだから。」

とおつしやるから、そつとのぞいて見ると、は

へのやうな蟲が二匹、底の水の中で、動けなく
なつてゐる。ほんたうに不思議な草だ。

「さあ、今度は葉のきれいな植物を集めてある處
　だ。」

といつて、にいさんは次の室へ案内して下さ
る。成程、緑色の絹絲で作つたのかと思はれる
やうな葉もあれば、赤や黄や青や紫のまだらの
美しいのもある。中には、まるで花かと思はれ
る紅色の葉が、莖の上の方に群がつて出てゐる
ものもある。

建物は此處から右に折れる。次の室には大きい
熱帯植物類が並んでゐる。椰子(やし)・バナ、・
コーヒー・ゴムの木などは名を聞いてゐたが、
實物を見るのは始めてである。にいさんは

「此の後にかまがある。其處から熱い湯を管で
　各室へ送つて、適當に暖めるやうになつてゐ

髪

　　るのだ。」
と教へて下さつた。
此處から又右に折れると、細長い室一ぱいに、
目もさめるやうな草花が並べてある。にほひの
よいのや、色の美しいのや、形のかはいらしい
のや、どれを見てもどれを見ても、一枚髪にさ
してみたい。にいさんも足を止めて、
「どうだ、美しいだらう。此の温室は南を受け
　てゐる上に、十分熱い湯が通つてゐるから、
　こんなに早く咲くのだ。一度此の中にはいる
　と、また寒い處へ出るのがいやになるね。」
とお笑ひになつた。外はさつきよりも一そう風
が強くなつたのか、ガラス越しに見える向ふの
木がひどくゆれる。其の枝の先にしよんぼりと
止つてゐる烏の姿も、見るから寒さうだ。

第二十　手紙

一

御手紙有難く拝見致し候。寒さきびしき折から皆様には御障もなく、御前様にも日々學校に御通ひなされ候由、安心致し候。さて御父上様の御葉書ならびに御前様の御手紙により、御母上様には去る二日御安産にて、玉の様なる女の御子御生れの由承り、誠にめでたくうれしき限りと存じ候。男ばかりの御兄弟の中に、此の度始めて妹を得られ候事、御前様の御喜さぞかしと察し申し候。私とてもかはゆらしきめひの生れ候と聞きては、何よりうれしく、一日も早く御顔を見たく存じ候。御名は何と付けられ候や、これも早く承りたく、御知らせ待ち上げ候。御母上様はまだ御やすみにて、御前様には御家事御手つだひのため、何かと御いそがしき事と察し申し候。近き處ならば早速上り候て御世話も致すべく候へども、何分百里の山川をへだてたる事とて、それも心に任せず、甚だ残念に存じ居り候。今日小包にて粗末なる物、赤さんの御着物にもと御送り致し候間、御前様御

障

任
粗

縫	ひまの折、裁縫のおけいこに御仕立て下されたく候。皆様へよろしく御傳へ下されたく願ひ上げ候。かしこ。 二月五日　　　　　　　　　　叔母より 　　さち子どの 　　　　　二 承り候へば、御祖母様には先日より御病氣の處、御養生のかひもなく、去る十九日遂に御死去遊ばされ候由、誠に驚き入り候。平生甚だ御達者にて、近來は殊に御元氣のやうに承り居り候事とて、此の度の御報は全く夢かと存ぜられ候。大兄をはじめ皆様方の御悲歎、如何ばかりかと御察し申し上げ候。當地に御住まひの頃度度參上致し、大兄と共にいろいろ御話を承り候事など、今更のやうに思ひ出され候。兩親も非常に驚き居り、あつく御悔申し上げ候やうにと申し出で候。尚御生前御好物なりしやうかん一折、小包便にて御送り申し上げ候間、御佛前へ御供へ下されたく候。先は右とりあへず御悔申し上げ候。 二月六日　　　　　　　　　　小林梅吉 　　大森　茂様

夢
悲

悔
好
佛

第二十一　日光山

二荒(ふたら)の山もと　　木深き處、
大谷(だいや)の奔(ほん)流　岩打つほとり、
金銀珠玉を　　　　　　ちりばめなして、
ひねもす見れども　　　あかざる宮居。

振
巧
丹

浮きぼり・毛ぼりの　　柱にけたに、
振るひしのみのて　　　巧をきはめ、
丹青まばゆき　　　　　格天井(がうてんじやう)に
心をこめたる　　　　　繪筆ぞにほふ。

美術

美術の光の　　　　　　かゞやく此の地
山皆綠に　　　　　　　水また清く、
樂園日本の　　　　　　たへなる花と、
とつ國人さへ　　　　　めづるもうべぞ。

第二十二　捕鯨船

隻
捕鯨

昨夜の風雨は名殘なくをさまつたが、海面には
まだ波のうねりが高い。一隻の捕鯨船が勇まし
く波を切つて進んで行く。マストの上の見張人
が不意に

「鯨、鯨。」

と聲高く叫んで、北の方を指さした。

甲板に立つてゐた船長を始め十人許の乘組員
は、ひとしく目を其の方向に向けた。はるかの
あなたに白い水煙が見える。

砲手の落ちついた力のこもつた號令に、船はは
や方向を轉じた。砲手は此の時早く船首の砲後
に立つて、其の引金に手をかけた。右に左に鯨
を追ひつつ四五十メートルまで近づいた時、ね
らひを定めて、ずどんと一發、破裂矢をしかけ
たもりを打つ。もうもうと立ちこめる白煙の間

裂

から見ると、
すさまじ
い波を起
して、鯨
は海底深
く 沈 ん
だ。

「命中、々々。」

歡呼

一同は歡呼の聲をあげた。もりが體内深くくひ込んで、破裂矢が見事に破裂したのであらう。もりにつけた長い綱(つな)はぐんぐん引張られて、三百メートル許もくり出された。

彼方

やがて鯨は再びはるか彼方に浮上つた。今まで勢よく引出されてゐた綱もやゝゆるんで來た。

巻

綱を次第々々にくりもどすと、鯨は刻一刻船に近よつて來る。しかしまだなかなか勢が強いので、綱を巻いてはのばし、のばしては巻いて、氣長くあしらつてゐるうちに、さすがの鯨も次第に弱つて、船から五十メートルぐらゐの處まで引寄せられた。其の時、二番もりが打出された。二十メートルもある大鯨が今は全く息たえ

紅

て、小山のやうな體を水面に横たへる。あたりには流れ出る血に、紅の波がたゞよふ。

「萬歳、々々。」

船員は手早く鯨の尾をくさりで船ばたにつないで、威勢よく根據(きよ)地に引上げる。

第二十三　太宰府まうで

汽車で二日市驛に着いたのは午前の八時、驛前で太宰府(だざいふ)行の輕便鐵道に乗つた。まだ芽の出ないはぜの木の間を通り、霜の眞白に置いた田の中を走る。十五分許で汽車は太宰府町に着いた。

太宰府町は太宰府神社のある處である。青銅の大鳥居をくゞつて進むと、沿道の家は大てい天満宮にちなんだ物を賣つてゐる。間もなく神社の廣い境内にはいつた。何百年も經たであらうと思はれる樟(くす)の大木が茂り合つてゐる。池にかけてある二つの太鼓(たいこ)橋を渡り、繪馬堂の前を通つて樓(ろう)門をくゞると、本殿の前に出る。うやうやしく拝んでさて頭を上げると、神前の大きな神鏡が、きらきらとかゞやいてゐて神々しい。此の神社は管(くわん)公の御墓所に建てたものだと聞いて、一層感を深くした。

輕

經
馬
拝
鏡
墓

梅

紅

尋

跡

社殿の後に廻ると、其處は廣々とした梅林で、幾百本とも知れない古木の梅が咲續いてゐる。白梅は今ちやうど眞盛りであるが、其の間に咲きかけの紅梅が點々と交つて美しい。掛茶屋に休んで名物の餅を食べてゐると、不意にかん高い鳥の聲が聞えた。茶屋のおばあさんに尋ねると、それは園内に飼つてある鶴(つる)の聲であつた。

歸りは二日市まで歩くことにした。地圖を便りにして進んで行くと、山畑の其處此處に野梅の咲きこぼれてゐるのも面白く、霜よけのわらの間から、黄色い夏みかんがちらちら見えてゐるのも珍しい。途中、太宰府といふ昔の役所の跡などを見て、榎寺(えのきでら)といふ處に立寄つた。此處は管公配所の跡である。低いじめじめした松林の中に小さな社がある。公は此處にうつされてから一歩も外へは出ないで、三年の歳月を送られたさうである。宮中の御宴(ぎ

| 詩 | よえん)の事を思ひ出して詩を作られたのも此處であらう。

榎寺を出て二日市の停車場へ急いだ。冬の日はもう暮れかゝつてゐる。あちらこちらの村々からは細い煙が立上つてゐる。停車場に着いた時は午後の六時を過ぎてゐた。 |

第二十四　たしかな保證

紙

歷

外國の或商會で、新聞紙に店員入用の廣告を出した。申し込んで來た者は五十人許もあつて、中には知名の人の紹介(せうかい)狀を持つて來た者や、りつぱな學歷のある者もあつたのに、主人はそれ等の人々をさしおいて、或一人の青年をやとひ入れた。

後日、人が主人に向つて、どういふお見込で、あの青年をお用ひになつたのかと尋ねた。

主人は答へて、

「あの青年が私の室にはいる前、先ず着物のほこりを拂ひ、はいると靜かに戸をしめました。きれいずきで、つゝしみ深いことは、それでよく分りました。談話の最中に一人の老人がはいつて來ましたが、それを見るとすぐに立つて、椅子(いす)をゆづりました。人に親切なことはこれでも知れると思ひました。あいさつをしてもていねいで、少しも生意氣な風が無く、何を聞いても、一々明白に答へて、しかもよけいなことは言ひません。はきはきしてゐて、禮儀(ぎ)をわきまへてゐることも、それですつかり分りました。

床	私はわざと一さつの書物を床の上に投げて置きました。外の者は少しも氣がつかないらしかつたが、あの青年ははいるとすぐに書物を取上げて、テーブルの上に置きました。それで注意深い男だといふことを知りました。 着物は粗末ながら、さつぱりしたものを着て、歯(は)もよくみがいてゐました。又字を書く時に指先を見ると、爪はみじかく切つてゐました。外の者は着物だけは美しかつたが、爪の先は眞黒になつてゐる者が多うございました。 かういふ點から、いろいろの美質をもつてゐることをよく見定めて、あの青年をやとふことにしたのです。りつぱな人の紹介狀よりも、何よりも、本人の行がたしかな保證です。」 といつた。

第二十五　平和なる村

戸 蠶 模範 益 幸 勤續 專 課 林	我が村には戸數三百、人口千四百餘あり。全村農業を以て生計を立つ。村の財産家にて事業に熱心なる人、みづから先んじて耕作・養蠶・養雞・養魚等の模範をしめししを以て、近年は作物も改良せられ、桑を植ゑて蠶を飼ふ者多く、殊に一村雞を飼はざる家なし。又池・沼を利用して鯉・鮒(ふな)を養ふことも盛にして、大てい二年毎に之を賣るに、其の利益少しとせず。かくの如くなれば全村頗る豐にして、村民皆其の家業を樂しめり。 役場と學校とは村の中央にあり。村長は村の舊家に生れ、きはめて親切公平にして、常に力を一村の幸福の爲に盡くすが故に、深く村民に敬愛せられて、幾度の改選にも重ねて選擧せられ、既に二十餘年勤續せり。校長も着實溫厚なる人にして、生徒を愛すること子の如く、生徒も校長をしたふこと父母の如し。其の他の教員も、校長を模範として專心職務につとむるが故に、生徒は皆よく之になつきて課業にはげみ、學校を思ふ心あつく、卒業後も尚學校の門に出入することを樂しみとせり。 青年團の事業の一として、杉・檜(ひのき)の植林

を營めり。其の利益は、大部分を學校の基本金
とし、其の殘部を一村共同の有益なる事業の費
用にあつる計畫なり。

萬事此の有樣なれば、一村は誠に平和にして、
年を追うて其の繁榮を增すばかりなり。

營
基

和
榮
增

第二十六　進水式

飾	今日を晴と滿艦飾をほどこされたる三萬四千噸(とん)の大戰艦陸奧(むつ)は、海を後にして悠(いう)然と橫たはれり。
	果もなくすみ渡りたる大空、はなやかに流るゝ日の光、場に滿ちたる十幾萬の拜觀者の胸は、まさに始らんとする進水式の壯快なる光景を豫想して、唯をどりにをどる。
奏樂 臨　讀 揮 作	折しも起る「君が代」の奏樂。皇后陛下の臨御と共に、式は始りぬ。海軍大臣の命名書朗(らう)讀、工廠(しやう)長の進水命令、續いて造船部長の指揮につれて吹く進水主任の號笛を合圖に、着々と進み行く進水作業。やがて工廠長のふりかざしたる金色の槌(つち)は、二年間の苦心を此の一揮にこめて、切斷臺上の繫索(けいさく)をはつしと切る。
秒	拜觀者の目は、一せいに艦にそゝがれぬ。一秒又一秒、七百尺に近き大船體は、寸、尺、間と音もなくすべり出づ。艦首につるしたるくす玉
片	ぱつとわれて、紅白の紙片花ふゞきの如くに散る中を、羽音高く舞上る數羽の鳩(はと)。
	拍(はく)手かつさい、天地をとどろかす萬歲の叫、勇壯なる軍樂の調、工場といふ工場、船と

いふ船の汽笛が一せいにあぐる歓呼の聲。見る見る艦は速力を増して、白波高く海にをどり入る。

あゝ、海の戦士の勇ましき誕生。

第二十七　兒島高德

賤
固

元弘(げんこう)二年三月、北條(ほうでう)高時、後醍醐(ごだいご)天皇を隠岐(おき)にうつし奉る。京中の貴賤男女、此の行幸を悲しみて涙と共に見送り奉り、警固の武士もさすがによろひの袖をしぼりけり。

擧

此の頃備前に児島高徳(こじまたかのり)といふ武士あり。主上さきに笠置(かさぎ)におはせし時早くも義兵を挙げしが、事のいまだ成らざるに先だち、笠置も落ちたる由風聞ありしかば、力なくて止みたり。然るに今主上隠岐にうつされ給ふと聞き、高徳一族共を集めていへるやう、「義を見てせざるは勇なきなり。いでや、行幸の路に待受け、君を奪ひ奉りて義軍を起さん。」と。心ある者ども何れも同意しければ、さらばとて備前と播磨(はりま)との境なる舟坂山にかくれ、今か今かと待ち奉れり。

遲

行幸餘りに遅かりしかば、人をしてうかゞはしむるに、播磨の今宿(いまじゆく)といふ處より、山陰道(さんいんだう)にかゝり給ひし由なり。さらば美作(みまさか)の杉坂に待ち奉らんとて、けはしき山路をふみわけてたどり着きたりしに、「主上はや院庄(ゐんのしやう)に入らせ給ふ。」と人の言へば、衆皆力を失ひて散り散りになりぬ。

句

顔笑
越敗

高徳せめては此の所存を君に知らせ奉らばやとて、夜にまぎれて行(あん)在所の御庭にしのび入り、大いなる櫻の幹をけづりて、大文字に詩の句を書きつけたり。

　天、勾践(こうせん)を空しうするなかれ。

　時、范蠡(はんれい)無きにしもあらず。

翌朝警固の武士ども之を見つけて、讀みかねて上聞に達したり。主上は詩の心を御さとりありて、天顔殊にうるはしく笑ませ給ひぬ。

昔支那に吳・越とて相隣れる二國ありき。年久しく相爭ひて互に勝敗ありしが、勾践越の王となるに及び、吳の勢盛にして越軍大いに破れ、勾践は吳に捕へられぬ。後からうじて歸國することを得しが、勾践此のうらみ忘れがたく、范

<u>計</u> <u>故</u>	蠡といふ忠臣の助を得て報復の計を立て、再び 呉と戰ひて遂に之を亡しぬ。 高德此の故事をひきて、やがて忠臣の起りて勤 王の兵を擧げ、必ず御心を安んじ奉るべきこと を聞え上げたるなり。 　　　　　　　　　　　　　　　　　　　終

大正十一年六月廿六日　印　刷
大正十一年六月三十日　發　行
大正十五年四月十九日　修正印刷
大正十五年四月廿四日　修正發行

〔非賣品〕

著作權所有

著作兼
發行者　　文　部　省
東京市小石川區久堅町百八番地

印刷者　　大　橋　光　吉
東京市小石川區久堅町百八番地

印刷所　　共同印刷株式會社

文部省編纂(1922～1923)

『尋常小學 國語讀本』

卷十一

第6學年 1學期

尋常小學

國語讀本　卷十一

文部省

目録

第一課　太陽

存
陽

地球上に存在するもので、太陽の影響(えいきやう)を受けぬものは一つもない。太陽の光と熱とがなくては、我々人間は勿論、あらゆる生物、一として生存することは出来ない。

重

これほど我々に重大な關係のある太陽とは、一體どんなものであらう。一口にいへば、白熱の狀態(たい)にある一大火球で、之を形造つてゐる

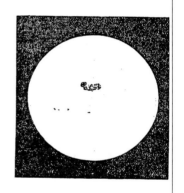

ものは、液(えき)體に近い氣體であらうといふ。さうして其のさしわたしは三十五萬四千里、即ち地球の百九倍餘りに當り、其の容積は地球の百三十萬倍に當つ

即

積

てゐる。温度は表面で約六千度、内部に入るに

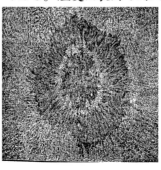

隨つて益益高い。光の強さに至つては非常なもので、之を燭(しよく)光でいへば一三の下に零(れい)を二十六もつけて表さねばならぬ。

隨
益

表

望

黒

離

望遠鏡で見ると、太陽の表面は全部が一様に
かゞやいてゐるのではなく、光の強い部分もあ
れば弱い部分もあり、又所々に黒點といつて黒
く見える所もある。此の黒點は多分表面に生ず
るうづ巻であらうといふ。さうして其の數や大
きさは、凡そ十一年餘を週期として増減してゐ
る。

ところが此の大きな太陽も、夜の空に銀の砂を
まいたやうに見える小さな星の一つと同じもの
だといふ。つまり此の宇宙(うちう)には、あの太
陽のほかに、これと同じやうなものがなほ數限
りもなく存在してゐるが、たゞ其の距(きよ)離の
遠いために、あんなに小さく見えるのである。
しかも我々に最も近いあの太陽でさへ、地球か
らは凡そ三千八百萬里も離れてゐる。今かりに一
時間五十里の速度で飛ぶ飛行機に乗つて行つた
としても、太陽に到着するには八十七年かゝる
のである。

第二課　孔子

聖
敬
德化
著

勵
績

治

專
著述

支那幾千年の人物中、大聖として長く後人に敬
はれ、德化の尚今日に著しきもの、孔(こう)子に
及ぶはなし。孔子は今より凡そ二千五百年前、
當時の魯(ろ)郎ち今の山東省(しやう)の地に生れ
たり。少時より學問に勵み、長じて後魯の君に
仕へ、大いに治績を擧げしかども、奸(かん)臣の
爲にさまたげられ、久しく其の職に居ることあ
たはずして魯を去りぬ。當時支那は數國に分れ
て互に相爭ひ、戰亂止むことなかりしかば、孔子

大いに之をうれひ、如何にもして國家を治め、
萬民の苦を救はんものと、廣く各國をめぐり
て、用ひられんことを求めぬ。しかも遂に志を
達することを得ざりしかば、老後は專ら力を教
育と著述とに用ひたり。門人三千人、其の最も
すぐれたるもの、顏淵(がんえん)・曾參(そうし
ん)・有若(いうじやく)等七十二人なりき。

論語は、曾參と有若との門人等が孔子及び其の
高弟の言行を集録したるものにして、最もよく
此の大聖の面目をうかゞふを得べし。今此の書
によりて其の一端を述べん。

孔子は正義の念強き人なりき。其の言にいは
く、「富貴は人のねがふ所なり。然れども正し
き道によるに非ざれば、我之に居らず。貧賤は
人のいとふ所なり。然れども正しき道によるに
非ざれば、我之を去らず。」と。

孔子は常に中正不偏(へん)を貴び、「中庸(よう)
は德の至れるものなり。」といひ、「過ぎたる
は及ばざるが如し。」ともいへり。又きはめて
學問に熱心にして、其の好學の念の切なる、
「朝(あした)に道を聞くことを得ば、夕(ゆふべ)
に死すとも可なり。」といふに至れり。

孔子は他人を正す前に先づおのれを正し、近き
より遠きに及すを以て其の主義としたり。「お
のれを修めて人を安んず。」とは、彼が簡明に
此の意をあらはせる語なり。」かつて自らいは
く、「發憤(ぷん)しては食を忘れ、樂しんではう
れひを忘れ、老の將に至らんとするを知ら
ず。」と。其の身を忘れ、よはひを忘れて、人
生の爲に盡くしたる大聖の面目、よく此の語に
あらはれたりといふべし。

弟
集録
述

非

貴

可
及　簡　自

老　將

第三課　上海

崎 江 居 租 區 制 布 皮膚 俗 縱橫 絶 博 圖 競	長崎を出た汽船は、海上を走ること約四百海里で揚子(やうす)江の河口に達する。それから五十海里ばかりさかのぼつて、黄浦(くわうほ)江といふ支流に入り、更に十海里餘りさかのぼると、其の西岸にある上海(しやんはい)に着く。 上海は支那第一の貿易場で、百萬近くの人口を有する大都會である。こゝには外國人の居留する者が非常に多く、これ等は租界といふ特別の區域内に住んでゐる。租界といふのは居留地の一種で、居留民が支那政府の手を離れて、自治制を布いてゐる處である。 租界には皮膚の色の違ひ、言語・風俗の違つた幾多の人種が入交つてゐるので、其の有様は一見世界人種の展覽會のやうである。市街の様子も支那風ではない。アスファルトや石を敷いた道が縱横に通じ、電車・馬車・自動車等が絶間なく往來してゐる。街路をさしはさんで大商店が軒をつらね、河岸には領事館・税關を始め、銀行・會社等のりつぱな建物がそびえてゐる。其の外各種の學校や、博物館・圖書館等の修養機關、公園・競馬場・劇(げき)場等の娯(ご)樂機關が到る處に散在してゐる。

租界の外に出ると大ていは支那風の町で、町幅も狭く、あまりきれいでない。唯商業の取引の盛な部分は、相當に活氣を帯びてをり、西洋風の建物もあつて、趣がやゝ變つてゐる。

上海が黄浦江に臨む部分は延長八哩、六十餘の波止場(はとば)がある。此の地は交通上重要な位置を占めてゐて、外國との貿易ばかりでなく、支那の各地との取引にもきはめて便利であるから、港内には常に數百隻の船が集つてゐて、頗る壯觀である。貿易上最も重要な關係をもつてゐるのは、日・英・米三國で、我が居留民の數は、外國人中第一位を占めてゐる。

狭

趣 臨 延

占

上海は専ら商業の都市として知られてゐるが、近時工業も次第に盛になつて、紡(ばう)績・造船・製粉・製紙其の他の諸工場が勢よく黒煙を立ててゐる。

粉

第四課　遠足

一

鳴くやひばりの聲うらゝかに、

かげろふもえて野は晴れわたる。

いざや、我が友うち連れ行かん。

　今日はうれしき遠足の日よ。

二

右に見ゆるは名高き御寺、

左に遠くかすむは古城、

春は繪のごと我等をめぐる。

　今日はたのしき遠足の日よ。

三

たどりつきたる峠の上に、

菜の花にほふ里見下して、

笑ひさゞめくひるげのむしろ。

今日はうれしき遠足の日よ。

四

風は音なくやなぎをわたり、

船は靜かに我等をのせて、

行くは何處ぞ、桃さく村へ。

今日はたのしき遠足の日よ。

何處
桃

第五課　のぶ子さんの家

部

今日は、のぶ子さんのうちへ始めて遊びに行きました。

通された部屋には、古いたんすや戸棚などが並べてありましたが、さうぢもよく行届いてゐるし、總べてがきちんとしてゐました。

のぶ子さんはちやうど、五年生の時の成績物に表紙をつけて、とぢていらつしやる所でした。三月の末になさるはずであつたのが、お取込があつたため、今まで延びてゐたのださうです。私が來たので、すぐしまはうとなさるのを強ひて止めてお手傳をしましたが、成績物を一枚も無くなさずにそろへていらつしやるのに驚きました。のぶ子さんは、成績物が返るとすぐ紙の袋へ入れておいて、學年の終におまとめになるのださうです。

一年生の時からの成績物も見せていただいて、其の始末のよいのに感心してしまひました。「成績物は一つ一つ自分の力のこもつたもので、皆一生の記念になるのだ。」と思ふと、私も急に一年からのをまとめたくなりましたが、私のは置場所をきめておかなかつたので、大方なくなつてしまひました。

「本や帳面はどうしていらつしやいますか。」

と尋ねてみると、のぶ子さんは上の棚を指さして、

「あすこに全部學年別にしてのせてあります。」

とおつしやいました。「成程、かういふ風に分類してそろへておけば、いつ取出すのにも便利だ。」と思ひました。私は學校で習ふ本でさへ時々見失つて、大さわぎをすることがあります。「こんなによく整頓(とん)してゐる中で勉強したら、どんなに氣持がよいだらう。」と思ひつづけてゐると、そこへ弟さんが雜誌(ざつし)を二三さつ持つて來て、本棚に並んでゐる雜誌の間へそれぞれお入れになりました。聞けば、雜誌の類は號の順に並べておいて、取出したら後できつともとの場所へお入れになるのださうです。弟さんまでが、あんなに氣をつけていらつしやるとは實に感心なことです。

しばらくたつと、おかあさんが臺所の方から、「メリンスのふろしきを持つておいで。」とおつしやいました。のぶ子さんはすぐたんすの小引出から取出して、持つていらつしやいました。見れば引出にはみんな札がはつてあつて、「ふろしき」「ハンケチ」などと一々書いてあり

ます。此の一事で、家の中がどんなによく整頓
されてゐるかが想像されます。

お暇してから、私はひとりで歩きながら自分の
始末のわるいことを考へて、つくづく恥づかし
くなりました。「これまで自分の不整頓のため
に、むだに費した時間と勞力は大きなものであ
つた。整頓といふのは體裁をつくることではな
くて、むだをなくすことだ。」と思ひました。

體

第六課　裁判

聽
張
借
互

犯

罪

刑罰
疑

檢

約束は固く守らなければならぬ、他人に害を加へてはならぬなどといふことは、我々が十分心得てゐる事である。しかし大勢の中にはそれを守らない人もある。例へば、借りた金を、返す約束の日が來ていくら催促(さいそく)されても、返さない人がある。其の場合に貸主から貸主を裁判所に訴へると、裁判所は兩者の言分を聽いた上で、貸主の主張を正當とみとめれば、其の借金を返すやうに借主に命ずる。此のやうに、人々相互の間の訴訟を裁判するのを民事裁判といひ、訴へた方を原告、訴へられた方を被(ひ)告といふ。

又他人の物を盗んだといふやうな犯罪があつた場合には、國家は其のやうな不法な行が再びされないやうに、其の犯罪者をこらし、又世間の人々のいましめにもせねばならぬ。ところで、どういふ事をすれば罪になるか、其の制裁としてどのやうな刑罰を受けるかは、法律で明かに定めてあるから、裁判所は、犯罪の疑のある者を十分に取調べて適當公平な裁判をする。此の犯罪者を罰するための裁判を刑事裁判といふ。此の場合には訴へられた者が被告で、檢事といふ役人が原告に當るのである。

件	裁判所は國家が設ける機關で、これに區裁判所・地方裁判所・控(こう)訴院・大審(しん)院の四階級がある。裁判は事件の輕重によつて、最初區裁判所又は地方裁判所で行はれる。ところで、區裁判所の裁判に不服な者は地方裁判所に上訴し、尚其の裁判に不服な者は更に大審院に上訴する。又地方裁判所で行はれた最初の裁判に不服な者は、控訴院・大審院にと順次に上訴する。かういふ風に、三回くりかへして裁判してもらふ事の出来る組織になつてゐるのは、つまり裁判を念入にするためである。
組織	
處	裁判を行ふのは判事の職務であり、刑事裁判で、國家を代表して犯罪者の處罰を求めるのは檢事の職務である。又民事裁判では、原告・被告の相談相手・附添人又は代理人となつて其の主張を助け、刑事裁判では、不當な刑罰が加へられぬやうに被告を保護するために、辯(べん)護士といふものがある。
添	
	裁判の目的は、決して人を爭はせ、又は人を罰することではない。此の世を不道理や罪惡の行はれない、平和な、秩序(ちつじよ)正しい世の中にするのが其の目的である。若し裁判が無いとしたら、人々相互の爭がはてしなく行はれて、しかも其の爭は、力の強い者やわるがしこい者が勝つことになるであらう。若し又裁判が公平

極	に行はれぬとしたら、せつかくの法律もねうちが無くなり、我々は安心して生活することが出来ぬであらう。裁判は實に正義保護のための大切な仕事であり、判事・檢事・辯護士の任務は極めて重大なものといふべきである。

第七課　賤嶽(しづがたけ)の七本槍(やり)

解初｜率
督
際冷｜沿筋
斬
軍

春は來りぬ。越路(こしぢ)の雪も解初めたれば、柴田(しばた)勝家、先づ佐久間盛政(さくまもりまさ)をして一萬五千の兵を率ゐ、近江(あふみ)の柳瀬(やながせ)に討つて出でしむ。待ちまうけたる秀吉(ひでよし)は、琵琶(びは)湖のほとりに十三箇所のとりでを構へ、諸將を配置して防備をさをさ怠なし。やがて勝家また自ら五萬の兵を督し、來りて盛政の軍に合す。

時は天正十一年四月二十日のあかつき、十三箇所のうちなる大岩山のとりでより、幾頭かの馬をひきて余吳湖(よごのうみ)のほとりに下り來れる七八人の兵卒あり。水際に寄りて馬の足を冷さんとする折しも、思ひもよらぬ敵の一隊、湖に沿ひたる一筋路を急ぎに急ぎて進み來る。あわてて逃げんとすれども時既におそく、大方はやにはに斬倒されたり。

危く逃延びたる一二の兵卒、はせもどつて急を告ぐれば、とりでの守將中川清秀、士卒を指揮して防ぎ戰ふ。されども不意を討たれし俄の軍に、清秀等の奮戰其のかひなく、清秀は討死してとりでは落ち、戰は午前のうちに終りぬ。

寄手の大將佐久間盛政は、今日の戰に勝ちほこ

り、明日は進んで賤嶽のとりでをおとし、一擧に敵をみぢんにせんと、自らは尾野路(をのろ)山に野營し、大岩山・鉢峯(はちがみね)などの要所々々にそれぞれ將卒を配置したり。

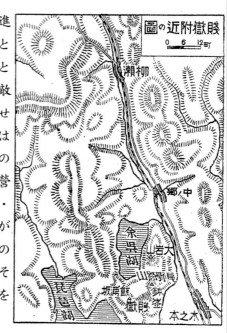

夜ふけに及んで、鉢峯を守れる兵卒の一人、ふと東南の方を望み見るに、美濃(みの)路の方面に當りてたいまつの光おびたゞしく、何とも知らぬ物音ざわざわとして夜の靜けさを破る。こはたゞ事ならじと、尾野路山の本營に急報すれば、盛政直に物見の兵を出してうかゞはしむるに、こは如何に、降つてわいたる敵の大軍、木之本の邊に滿ち滿ちたりと報じ來る。味方は今日の戰に將卒共につかれ果てて、物の用に立つべくもあらず。此のまゝ新手の兵を迎へては、萬に一つの勝算もなし。盛政は勝つてかぶとのを

をしめざりし油断を悔いつゝ、俄にやみの中を退却(きやく)しはじめたり。

木之本には秀吉の來れるなり。これより先、秀吉は織田信孝(おだのぶたか)を攻めて大垣にありしが、二十日の正午大岩山の敗報到る。あたかも晝食の膳(ぜん)に向ひ居たる秀吉は、持ちたる箸を投捨てて、「すは勝つたるぞ。」と手を打つて喜び、先づ五十人の兵に旨をふくめて先發せしめ、やがて將卒のそろふをも待たず、「者ども續け。」と馬にむちうつて近江に向ふ。五十人の兵は行く行く百姓をつのり、かゞり火をたかせ、糧(りやう)食の用意をなさしむ。夜に入れば、見渡す限りのかゞり火晝をあざむく中を、一萬五千の軍勢まつしくらに進軍して、夜半の頃には既に木之本に到着したり。

二十日の月は上りぬ。退却軍は少しく之にたよりを得たれども、秀吉の軍は、此の時既に處々のとりでより來れる守兵と合して、追撃すること頗る急なり。

明くれば二十一日の朝、盛政は賤嶽より西北に當れる高地に兵を引きまとめたりしが、此の時までも飯浦(はんのうら)坂にふみ留つて、追来る敵を防ぎ居し弟勝政に引きあげを命じたり。今まで賤嶽の山上より、またゝきもせず戦況を見居たりし秀吉、勝政の引足になりたるを見て、す

武	かさず鐵砲組に合圖して銃火をあびせかけたれば、敵は見る間にばたばたと倒れて、一軍今や崩れんとす。
	秀吉はるかに之を望み、旗本の若武者どもをきつと見て、
	「てがらは仕勝ちぞ。かゝれかゝれ。」
音聲	と大音聲。
	「承る。」
	と、福島正則(まさのり)・加藤清正・同嘉明(よしあきら)・平野長泰(ながやす)・脇坂安治(わきざかやすはる)・糟屋武則(かすやたけのり)・片桐且元(かつもと)等の荒武者ども、勇みに勇んで突進す。
桐突	
	中にも加藤清正は、山際のがけ路にて敵將山路正國に出であひ、片鎌槍をしごいて突いてかゝる。正國も槍を合はせ、しばらく防ぎ戰ひしが、俄に槍を投捨てて大手をひろげ、
突	
	「組打。」
	と叫ぶ。直に組合ひた

る二人の勇士、ねぢ合ひ押合ひ争ふうちに、清
正やがて正國をねぢ伏せたり。ねぢ伏せられな
がら正國、清正がよろひのすそをしつかとつか
む。清正刀を拔かんとするに、かぶとのしころ
つゝじの枝に引つかゝりて、身のはたらき自由
ならず。正國得たりと、力足をふん張りてはね
かへさんとせしが、ふみそこねてあはや谷底へ
轉び落ちんとす。清正手早くかぶとのをを切つ
たりければ、かぶとはつゝじの枝に殘つて、二
人はしつかと組みたるまゝころころと轉び落つ
ること三十間許。

正國の首は終に清正の手に入りぬ。

福島正則以下の六人、またそれぞれに名ある勇
士を討取つて、武名を天下にとゞろかせり。武
器は皆槍なりしかば、世に之を稱して賤嶽の七
本槍といふ。

第八課　瀬戸内海

接
關

本土の西、近く九州と相接せんとする處、下關海峡(けふ)あり。四國の西には佐田岬(みさき)長く突出で、九州にせまりて豊豫海峡をなす。淡路(あはぢ)島の東端、本土と相望む處、紀淡(きたん)海峡となり、四國に近き處、鳴門(なると)海峡となる。此の四海峡に包まれたる細長き内海を瀬戸内海といふ。

瀬戸内海には、到る處に岬あり、灣あり、大小無數の島々各所に散在す。船の其の間を行く時、島かと見れば岬なり。岬かと見れば島なり。一島未だ去らざるに、一島更にあらはれ、水路きはまるが如くにして、また忽ち開く。かくして島轉じ、海廻りて、其の盡くる所を知らず。

未

廻

覺　鏡　没

春は島山かすみに包まれて眠るが如く、夏は山海皆緑にして目覺むるばかり鮮かなり。兩岸及び島島、見渡す限り田園よく開けて、毛氈(せん)を敷けるが如く、白壁の民家其の間に點在す。

海の静かなることは鏡の如く、朝日夕日を負ひて、島がくれ行く白帆の影ものどかなり。月影のさゞなみにくだけ、漁火の波間に出没する夜景もまた一段の趣あり。

瀬戸内海の沿岸には大阪・神戸・尾道・宇品(うじな)・高松・多度津(たどつ)・高濱等良港多く、汽船絶えず通航して、遠く近く黒煙の青空にたなびくを見る。

古

典

内海の沿岸及び島々には名勝の地少からず。嚴島(いつくしま)は古より日本三景の一に數へられて殊に名高く、屋島・壇浦(だんのうら)は源平の昔語に人の感興を動かすこと甚だ切なり。我が國に遊べる西洋人は此の瀬戸内海の風景を賞して、世界における海上の一大公園なりといへり。

第九課　植林

障子をあけてみるとまだ雨が降つてゐる。「これでは明日の山廻りはだめだ。」と思ひながら、机によりかゝつて向ふの方をながめると、うねうねと續く岡が雨に煙つて、ぼんやりと遠く見える。「あそこは一昨年植付をした地藏山だ。」と思ふと、山の背を通つてゐる小路を中にはさんで、四五尺にのびた杉の若木が勢よく立並んでゐるのが、目に見えるやうな氣がする。

「あそこの植付をした時はまだ寒かつた。」と思ひ出しながら、さつきおとうさんのいひつけで、明日の用意に出しておいた植林地の書付を開いて見る。地圖の中の薄綠に染めてあるのが一昨年植付けた處、朱線で圍んであるのが今年伐採する處、それから次々といろいろの印がついてゐる。

「地藏山の内、二町三段五畝(せ)、峯通り檜(ひのき)苗、其の他總べて杉苗。一坪一本の割。」

とおとうさんの手で記してある。一昨年植付けた時の覺書だ。あの時、

「こんなに間をおいてよいのですか。」

と僕が聞いたら、おとうさんが

障

一昨年

伐

峯

苗

「早く間伐して細材を取る目的のところでは、
　一坪に二本も三本も植ゑるが、此の邊では太
　材を取る方が利益だから、かう間をおいて植
　ゑるのだ。今に御らん、此のくらゐ離して植
　ゑても、十五六年目には間伐をしなければな
　らないやうになるから。」

といつて笑つてをられた。

植付けた苗木の枯れた處へ補植をするのは、翌
年一回だけだといふから、今年はもうしなくと
もよいのであらう。下刈(がり)はいつも土用中に
するので、ずゐぶん苦しいが、それでも木が競
爭するやうに、しんを立ててすくすくと延びて
ゐるのを見ると、非常にうれしい。木でも見下
されるのがいやなのか、斜面などに植ゑた木
は、低い處にあるもの程早く大きくなつて、こ
ずゑの差が段々少くなつて行くのも面白い。

毎年春の初か冬の半ばにする枝打は、面白いも
のだ。なたや鎌などでつる草を拂ひ、下枝を伐
落して行くと、今まで雨方の枝と枝と組合つて
ゐたのが急に間がすいて如何にも氣持よささう
に見える。いつかもにいさんが、

「杉の散髪だ。」

といつてみんなを笑はせたことがある。おとう
さんのお話によると、枝を打てば、山火事の危險

斜

伐

髪

節

を防ぎ、又空氣の流通がよくなつて蟲がつかなくなるさうだ。それから始めて聞いて面白いと思つたのは、枝打をしないと木に節が出來ることである。生きた枝でも枯れた枝でも、其のまゝにしておくと、木が太るにつれて其の枝を

包んで行くために、其處が節になるのだといふ。

僕がお手傳して植ゑたあの杉や檜は、何時になつたら伐るのだらう。使ひみちによつて、三十年目から五六十年目ぐらゐの間に伐るのださうだから、一番早く伐るとしても、其の時は僕がおとうさんくらゐの年になつてゐるわけだ。今年伐るはずのは、おとうさんの子供の時植ゑたのだといふが、もう幹のまはりの三尺餘りもある

ものが大分見える。おとうさんは、よく「植林
は貯金のやうなもので、植ゑてさへおけば、
年々太つて利息が附いて行く。」とおつしやる
が、ほんたうにさうだ。

ぼんやりいろいろの事を考へてゐるうちに、い
つか夕方の色が四方にたゞよつて、向ふの山も
薄墨色に暮れて行く。あ、西の空がほんのり明
るい。明日は晴かも知れない。

第十課　手紙

拜啓。久しく御無音に打過ぎ、失禮仕候。さて昨日御地より歸村せられたる河井氏の御話によれば、貴兄には去月以来御病氣にて、しかも一時は大分御重態(たい)なりし由、誠に意外の事に驚入候。しかし此の頃は、餘程御快方に向はれ候とか。何とぞ十分御養生ありて、一日も早く御全快なされ候様切に祈り申候。御承知の通り當地には温泉これあり、病後の保養には特に宜しき由に候。何分田舍にて萬事不便には候へども、若し御光来相成候はば、及ぶ限りの御便宜相計り申すべく候。尚當地産の葛(くず)粉少少御見舞の印までに御送り申上候間、御受納下され度候。先づは御見舞までかくの如くに御座候。敬具。

　　五月五日　　　　　　　　　　　馬場要助
　　　春田延太郎様

拜復。御親切なる御手紙有難く拜見仕候。尚又結構なる葛粉御送り下され、御厚情の程深く謝し奉り候。實は去月十日頃より感冒(ばう)の心地にて引きこもり居候

音

祈

宜
田舍

宜
計

納

構

心地

處、其の後とかく病勢衰へず、遂に肺炎（えん）を引起し申候。しかし幸に經過良好にて、熱も凡そ二週間餘にて全く相去り申候。今少しく日もたゝば、轉地するもよからんと醫者も申居候に付、或は仰に從ひ、其の中御地へ参り候やもはかり難く候。其の節は何とぞ宜しく願上候。先づは取りあへず御禮まで。拜具。

　　五月八日　　　　　　　　春田延太郎
　　　馬場要助様

衰
肺炎

仰従

第十一課　畫師の苦心

昔、泉州堺(さかひ)のなにがし寺に、或畫師久し
く寄食してありけるが、何一つ畫がくこともな
く、毎日遊び暮して既に數年を經たり。住持は
心得ぬ事に思ひて、或日其の畫師に、

「君は畫を以て一家を成せる人なるに、數年の
　間一度も筆を取り給ひし事なし。我もとより
　衣食の費をいとふにあらざれど、何時までも
　かくておはすべきにあらねば、今は何處へな
　りとも行きて君の枝をふるひ給へ。愚僧も所
　用ありて京に上り、或は一二年滞在せんもは
　かり難し。」

といへば、畫師

「そはいと名殘をしき事なり。さらば謝恩の爲
　に何か畫がきて參らすべし。」

とて、心構せし樣なりしが、尚筆も取らで數日
を過しぬ。

或夜小僧、住持の居間に來りて、

「彼處に行きて、彼の畫師のする樣を見給
　へ。」

とさゝやきければ、住持ひそかに行きて見る
に、畫師は障子に身を寄せて、樣々に姿を變へ
つゝ寝起する樣なり。さまたげせんも心なしと思

寄

衣
費
技
愚

過

彼處

ひて、住持は其のまゝ寝間に入れり。

翌朝畫師は常にもあらず早く起出で、ふすまに向ひてしきりに筆を動かしゐたり。其の畫がく所皆鶴(つる)にして、筆勢非凡、丹青の妙言ふべからず。かくて次の夜は如何にとうかゞふに、畫師は前の如く夜もすがら寝ねずして、明日はかく畫がかんなど獨言してゐたりければ、住持は尚知らぬ顔して過ししに、十日餘りにして、ふすまの鶴は二十四五羽となりぬ。其の後又夜更けてうかゞひ見れば、今度はひぢを張り、足をのべ、手を口に當てて鶴の臥(ふ)したる様をなせり。夜明けて住持、畫師に向ひて、

「今日かき給はん鶴の姿はかやうなるべし。」

と、夜中に畫師のしたる様をまねて見するに、畫師驚きて、

「我が心に思ひ構へし事を如何にして知り給へるか。」

と問ふ。住持

「昨夜のぞき見て知りたり。」

此の一言を聞くや、畫師又かのふすまの鶴に筆を取らず、唯杉戸に檜(ひのき)一本を畫がきて東國へ出立しぬ。

未だ一月もたゝざるに、かの畫師は突然歸り來れ

り。住持驚きて、

「東國へ行き給ふと聞きしに、今又此處に來られ
　しは何故ぞ。」

と問へば、畫師

「先に畫がきたる檜、何となく物足らぬ所あり
　て氣にかゝりしが、東國へ下る路すがら、箱
　根山中にてよき枝ぶりの檜を見て、其の意を
　得たれば、かき添へんために歸りしなり。」

とて一枝かき添へ、又別れを告げて立去れり
といふ。

第十二課　ゴム

自動車・自轉車のタイヤ、ゴムまり・ゴム人形・消しゴム・ゴム靴・ゴム管・ゴム風船など、數へてみるとゴムで造つたものは實に多い。一體ゴムは何からどうして造るのであらうか。

ゴムは、熱帶地方に産する或植物からとる白色の液(えき)を原料として、製造したものである。此の液の取れる木を普通にゴムの木といつてゐる。これには種類が多く、一番よいのはパラゴムといふのである。今日世界におけるゴムの大部分は、此の木から取つたものである。此の種のゴムが、昔主として南米ブラジルのパラ州から産出したので、パラゴムの名が生じたわけである。

ブラジル邊でゴムを製造するには、山野に自生するゴムの木から原料をとるのであるが、近年ゴムの需要が激增したために、英國人はマレイ半島の領地にパラゴムの木を移植するに至つた。他の國人も之にならつて、

南洋におけるゴムの栽培は頗る盛になつた。南洋は一年中温度が高く、雨量が多いので、ゴムの木の發育には最もよく適してゐる。マレイ半島・蘭(らん)領東印度等には、日本人の經營してゐるゴム園もたくさんにある。

此の邊でゴムを栽培するには、先づ森林を燒拂つて、其のあとに種をまくか、又は苗木を植付けるのであるが、これが成長して、切付を行ふまでには五六年もかゝる。其の間草をとつたり、虎や象の荒しに來るのを防いだり、苦心はなかなか一通りでない。切付といふのは、ゴムの木から液をとるために、木の幹に小刀で傷をつけることをいふのである。切付には餘程熟練を要する。元來ゴム液は、幹の皮部と木質部との間にある乳管組織といふ所から出る

森

傷
練
元
乳

除	のであるから、此の組織の所まで小刀が届いて、しかもそれより深くは傷のつかないやうにしなければまらぬ。此の傷から出て來るゴム液は、流れて下のコップにたまるのである。 ゴム園の人は毎朝暗いうちに起きて、受持の木に此の切付をして廻る。それがすむと、今度はバケツを持つてコップにたまつた液を集めて歩くのである。集めた液は之を工場に持つて行き、先づこして不純(じゆん)な物を取除き、次に藥品を入れて固まらせ、機械で薄くのして乾かすのである。 こゝまでが原産地における仕事である。かうして出來たゴムは、各國の工場に運んで加硫(りう)法を行ふ。加硫法とは、ゴムに硫黄(ゆわう)をまぜる事で、かうするとゴムが非常に彈力を増して來る。之をそれぞれ用途に應じて、更に加工するのである。 電氣の機械や、萬年筆の軸(ぢく)などに用ひるエボナイトといふものもゴムから造る。近來床の敷物や、道路にもゴムを用ひることが行はれて來た。 ゴムの用途は、年を追うて益益廣くなるばかりである。

第十三課　ふか

昔、アフリカの或港に一そうの船がとまつてゐ
た時の話である。

熱帯の暑さにたへかねてゐた船員等は、船長か
ら泳を許されたので、我先にと海に飛込んだ。
船には船長と老砲手だけが殘つてゐた。

船員等は、如何にも氣持よささうに泳ぎ廻つて
ゐたが、中にもうれしさうに見えたのは、十三
四になる二人の少年であつた。二人は外の者か
らずつと離れて、沖のうきを目當に泳ぎくらを
してゐた。一人は老砲手の子である。初は二十
メートル以上も相手をぬいてゐたが、どうした
のか急に相手にぬかれて、三四メートルも後れ
てしまつた。これまでにこにこしてながめてゐ
た老砲手は、急に氣をもんで、「しつかりし
ろ。負けるな負けるな。」と、甲板からしきりに
勵ました。

ちやうど其の時、「ふかだふかだ。」といふ船
長のけたゝましい叫び聲が聞えた。老砲手が驚
いて向ふを見ると、船から三四百メートルの處
に、大きなふかの頭が見える。人人は叫び聲に
驚きあわてて、我先にと船へもどつて來る。しか
し二人の少年はまだ知らないらしい。老砲手は氣
ちがひのやうになつて、「逃げろ逃げろ。」と聲

夢

を限りに叫んでゐるが、二人の耳にははいらぬのか、夢中で泳ぎくらを續けてゐる。

救ひのボートは下された。しかしとても間に合ひさうもない。其のうちに二人はふかの來るのに氣がついた。驚いて一しやうけんめい逃げようとしてあせつてゐるが、もう遲い。ふかははや十數メートルの近くにせまつてゐる。

ものすごい程青白くかはつた老砲手の顔には、決心の色が浮んだ。つと大砲のそばへ寄つて、急いで彈丸をこめ、ねらひを定めた。

ふかの口はもうほとんど子供に届いてゐる。

「あつ。」と、思はず人々が叫んだ。とたん
に、ずどんと一發すさまじい大砲の音がとゞろ
き渡つた。

果

煙

砲手はその結果を見るのをおそれるやうに、手
で顔をおほつて大砲の上につつ伏した。

立ちこめた砲煙の薄れゆくにつれて、先づ目に
入つたのは、大きなふかの死體であつた。

喜の聲はどつと起つた。

二人の少年はボートに乗せられて歸つて來る。

老砲手は大砲にもたれて、無言のまゝじつとそ
れを見つめてゐる。

第十四課　北海道

札幌

札幌(さつぽろ)に來て先づ感ずることは、街路が眞直で幅の非常に廣いことである。市街は此の眞直な路によつて碁盤(ごばん)の目のやうに正しく割られてゐる。主な通にはアカシヤの並木が青々と茂つてをり、市街の中央を東西に貫ぬく幅六十間の大通は、むしろ公園ともいふべきもので、花壇(だん)が設けてあり、銅像なども立つてゐる。未開の土地を切開いて、思ふまゝに設計して造つた町であるから、總べてが大規模でのびのびとしてゐる。

市外の眞駒内(まこまない)及び月寒(つきさつぷ)には、大きな牧場がある。見渡す限り果もない野原に、放牧の馬や牛がいういうと草をはむ様や、綠草の間に羊の群をなして遊ぶ様は、實にのどかである。

直

西
貫

未
模

放牧
綠

狩勝の展望

瀧川から根室(ねむろ)行の汽車に乗ると、約五時間後に石狩と十勝(とかち)の境にある狩勝(かりかち)の峠にかゝる。此の峠には長いトンネルがあつて、其のあたりは海抜約千八百尺、北海道鐵道沿線中の最高所である。汽車は密林の間をあへぎあへぎ通り抜けて、やがてトンネルにはいる。しばらく暗黒の中を通つて再び光明の世界に出た時、突如として眼前に展開せられた風景は、雄大といはうか豪(がう)壯といはうか、恐らく全道第一の壯觀であらう。右手には遠く日高境の山々が大浪のやうに連なり、眼下には廣々とした十勝の大平野がはるばると續いて、末は青い大空に接してゐる。汽車は無人の境を曲折して下る。畫がけるが如く美しき山の、或は右に或は左にあらはれるのは、サホロ嶽(だけ)の連峯の一つであらう。はるかの下に一條の白煙をたなびかせて見えがくれする上り列車は、ちやうどおもちやのやうに見える。

十勝の平原

十勝川の流域一帯の廣野はいはゆる十勝平原で、其の中心をなすものは帯廣の町である。明治十六年こゝに十三戸の農家が移住して來たのが此の町の始りであつた。當時此のあたりは未開の原野で、殆ど交通の便もなく、唯僅かに十勝

拔　暗　如　恐　浪　　折　峯　條

殆　僅

川を上下するアイヌの丸木舟の便をかりるに過ぎなかつた。それが今は人口約二萬、戸數約四千を算するりつぱな町となつたのである。

此の邊の農業は總べて規模が大きい。畠にしても、小路によつて細かく仕切ることをしないから、一枚の畠でうねが五町も十町も長々と續いてゐるのが少くない。こんな廣い畠であるから、耕すにも、うねを作るにも、種を蒔くにも、大てい機械と馬の力による。中にはトラクターを用ひて全く大農式にやつてゐる處もある。トラクターはちやうど軍用のタンクのやうな形で、ガソリンの發動機が取付けてある。これが大きな鋤(すき)を何本も引いて、ものすごいうなり聲を立てながらのそりのそりと歩き廻ると、二間幅ぐらゐに耕されて行く。又開墾(こん)する場合には、立木や切株の根本を掘つておいて、それにくさりをつけて此のトラクターで引くと、めりめりと音を立てて根こぎにされてしまふ。

株

農業者は多く古い習慣(くわん)になづみやすいものであるが、此の邊では新しい知識をいれて、新式の農具を用ひ、新式の方法によつてどしどし土地を開いて行く。はてしなく續く廣野の中で、人々は自由な大氣を呼吸しながら、土の香に親しんで樂しげに働いてゐる。

十勝の平野は心ゆくばかり晴々しい處である。

習　識

吸

第十五課　人と火

落
樹
智

燃

「人は火を用ひる動物。」といはれてゐるやう
に、火を使用するのは人類ばかりで、他の動物
には見られない所である。

一體人は最初どうして火を得たであらうか。思
ふに落雷の爲に樹木が燃えたり、密生した樹木
の枝と枝がすれあつて起つたりした自然の火か
ら、火種を取つたものであらう。其のうちだん
だん人智が發達するにつれて、木片と木片をこ
すりあはせて火を得る法をさとるやうになつ
た。

それから少し進むと、石や金を打合はせて火を
出す法を考へるやうになつた。此の方法は各國
民の間に、廣く又極めて長い間行はれてゐたも
のであるが、マツチの使用が廣まるにつれてす
たつて來た。マツチは今から約百年前に發明され
たものである。

火の熱は、初め主として食物を調理するのに用
ひたもののやうであるが、時代が進んで燃料の
種類が増すにつれて、火の用途もだんだん廣く
なつて來た。木炭や石炭や石炭ガスの火は、部
屋を暖めたり物を煮(に)たりするに用ひられ、石
炭の火は木炭の火よりずつと熱度が高いので、汽

車や汽船や工場の重い機械を動かすのに大切なものとなつてゐる。

燈火としては、初め松の木や魚・獸の油などをたいたのであつたが、其の後らふそくや種油がともされ、石油ランプやガス燈が之に代り、今は電氣を利用した電燈が使はれるやうになつた。かくして人は、暗い世界からだんだん明るい世界へと、みちびかれて來たのである。

「必要は發明の母。」である。人は生活上の必要から發火法を工夫し、燃料を研究し、熱と光とをあらゆる方面に利用することを考へて來た。しかし熱や光の作り方や利用の方法は、決してこれで完成したといふわけではあるまい。將來は又どんなものが發明されるかも知れない。

完

第十六課　無言の行

或山寺で、四人の僧が一室に閉ぢこもつて、七日間の無言の行を始めた。小僧一人だけ自由に室内に出入させて、いろいろの用を足させた。

夜が更けるにつれて燈がだんだん暗くなり、今にも消えさうになつた。末席に坐つてゐた僧は、それが氣になつてしかたがない。うつかり口をきいてしまつた。

「小僧、早く燈心をかきたててくれ。」

隣に坐つてゐた僧が之を聞いて、

「無言の行に口をきくといふ事があるか。」

第二座の僧は、二人とも規則を破つたのが不快でたまらない。

「あなたがたはとんでもない人たちだ。」

三人とも物を言つてしまつたので、上座の老僧がもつたいらしい顔をして、

　　「物を言はないのはわしばかりだ。」

閉

燈
消

第十七課　松坂の一夜

本居宣長(のりなが)は伊勢(いせ)の國松坂の人である。若い頃から讀書がすきで、將來學問を以て身を立てたいと、一心に勉強してゐた。

或夏の半ば、宣長はかねて買ひつけの古本屋に行くと、主人は愛想よく迎へて、

「どうも殘念なことでした。あなたがよく會ひたいと御話しになる江戸の賀茂眞淵(かもまぶち)先生が、先程御見えになりました。」

といふ。あまり思ひがけない言葉に宣長は驚いて、

「先生がどうしてこちらへ。」

「何でも山城・大和(やまと)方面の御旅行がすんで、これから參宮をなさるのださうです。あの新上屋(しんじやうや)に御泊りになつて、さつき御出かけの途中『何か珍しい本はないか。』と、御立寄り下さいました。」

泊

「それは惜しいことをした。どうかして御目に
かゝりたいものだが。」

「後を追つて御いでになつたら、大てい追ひつ
けませう。」

宣長は、大急ぎで眞淵の様子を聞きとつて、後
を追つたが、松坂の町はづれまで行つても、そ
れらしい人は見えない。次の宿のさきまで行つ
てみたが、やはり追ひつけなかつた。宣長は力
を落して、すごすごともどつて來た。さうして
新上屋の主人に、萬一御歸りに又泊られること
があつたら、すぐ知らせてもらひたいと頼んで
おいた。

訪

望がかなつて、宣長が眞淵を新上屋の一室に訪
ふことが出來たのは、それから數日の後であつ
た。二人はほの暗い行燈(あんどん)のもとで對坐

した。眞淵はも
う七十歳に近
く、いろいろり
つぱな著書もあ
つて、天下に聞
えた老大家。宣
長はまだ三十歳
餘り、温和なひ
とゝなりのうち
に、どことなく

才

才氣のひらめいてゐる篤(とく)學の壯年。年こそ

ちがへ、二人は同じ學問の道をたどつてゐるのである。だんだん話してゐるうちに、眞淵は宣長の學識の尋常でないことをさとつて、非常にたのもしく思つた。話が古事記のことに及ぶと、宣長は

「私はかねがね古事記を研究したいと思つてをります。それについて何か御注意下さることはございますまいか。」

「それはよいところに氣がつきました。私も實は我が國の古代精神を知りたいといふ希望から、古事記を研究しようとしたが、どうも古い言葉がよくわからないと十分なことは出來ない。古い言葉を調べるのに一番よいのは萬葉集です。そこで先づ順序(じよ)として萬葉集の研究を始めたところが、何時の間にか年をとつてしまつて、古事記に手を延ばすことが出來なくなりました。あなたはまだお若いから、しつかり努力なさつたら、きつと此の研究を大成することが出來ませう。たゞ注意しなければならないのは、順序正しく進むといふことです。これは學問の研究には特に必要ですから、先づ土臺を作つて、それから一歩一歩高く登り、最後の目的に達するやうになさい。」

夏の夜は更けやすい。家々の戸はもう皆とざされてゐる。老學者の言に深く感激した宣長は、未來の希望に胸ををどらせながら、ひつそりした町すぢを我が家へ向つた。

其の後宣長は絶えず交通して眞淵の教を受け、師弟の關係は日一日と親密の度を加へたが、面會の機會は松坂の一夜以後とうとう來なかつた。

宣長は眞淵の志をうけつぎ、三十五年の間努力に努力を續けて、遂に古事記の研究を大成した。有名な古事記傳といふ大著述は此の研究の結果で、我が國文學の上に不滅の光を放つてゐる。

滅

第十八課　貨幣

貨
幣

考

布

割
缺

我々の普通に金錢といつてゐる物の中には、金貨を始め、銀貨・白銅貨・青銅貨がある。これらを總べて貨幣といふ。又此の外に貨幣の代りに用ひられる紙幣がある。我我はこれらの貨幣や紙幣を用ひて物品を賣買し、其の他いろいろの用を辨じてゐる。我々は殆ど貨幣・紙幣なくして一日も生活することは出來ぬといつてもよいくらゐである。

此のやうに便利なものも、其の使用に馴れきつてしまつてゐる我々は、これについて事新しく便利を感ずることもなく、又之を考案した昔の人々に對して別段感謝の念を起すこともない。しかし今日の貨幣や紙幣を案出するまでには、人間は實に種々様々なものを使用してみたのである。

石・貝・家畜・獸皮・布・農産物などが、時代により場所によつて、それぞれ貨幣の役目をしたこともあつた。しかしこれらの物は、受取る者にそれが不用であつたり、思ふやうに分割することが出來なかつたり、其の他いろいろの缺點がある。それで金属を用ひることを思ひつき、形の上に種々の工夫をこらして、遂に今のやうな貨幣を造つたのである。かうして出來た貨

幣は極めて使用に便利ではあるが、尚場合によ
つては持運びに不便なので、更に貨幣の代りに
なる紙幣といふ物を案出した。今では世界各
國、貨幣・紙幣を用ひない國はないのである。

第十九課　我は海の子

（一）

我は海の子、白波の

　　さわぐいそべの松原に、

煙たなびくとまやこそ、

　　我がなつかしき住家なれ。

（二）

生れて潮に浴して、

　　浪を子守の歌と聞き、

千里寄せくる海の氣を

　　吸ひてわらべとなりにけり。

（三）

高く鼻つくいその香に、

　　不斷の花のかをりあり。

なぎさの松に吹く風を、

　　いみじき樂と我は聞く。

（四）

丈餘のろかい操りて、

　　行手定めぬ浪まくら、

百尋・千尋海の底、

　　遊びなれたる庭廣し。

浴

操

百尋

堅
腕

赤

氷

護

（五）

幾年こゝにきたへたる

　　鐵より堅き腕あり。

吹く潮風に黒みたる

　　はだは赤銅さながらに。

（六）

浪にたゞよふ氷山も、

　　來らば來れ、恐れんや。

海まき上ぐるたつまきも、

　　起らば起れ、驚かじ。

（七）

いで、大船を乗出して、

　　我は拾はん、海の富。

いで、軍艦に乗組みて、

　　我は護らん、海の國。

第二十課　遠泳

泳

今日は始めての遠泳だと思ふと、何だかうれしいやうな心配なやうな氣がする。

空には眞夏の日がきらきらとかゞやきわたつてゐる。砂の上を歩いて行くと、足の裏が燒けるやうだ。

曲

手や足の關節を曲げたり延ばしたりして、出發の號令を待つ。

やがて「進め。」の號令と共に、三十人の一組は二列になつて、順々に水の中へとはいつて行く。今日は殊に波も靜かだ。此の分ならば五海里や十海里は何でもない。

だんだん沖の方へ進んで行くと、水の色はものすごい程濃(こ)い紺色だ。波も追々大きくなつた。ふと見ると、さしわたし六七寸もある大きなくらげが、ふわりふわりと浮いてゐる。

竹島を越したと思ふと、急に水が冷たくなつた。何だか氣持の惡いものだ。しかし又しばらくすると、もとの水の温度にかへつた。

手足が大分くたびれて來た。腹もすいた。その中、先に進んでゐた者が二三人列から離れて船に上つた。僕も急に元氣がなくなつて、一所に船に上らうかと思つたが、「いや、こゝががまんのしどころだ。そんな弱いことではだめだ。」と、自ら勵まして進んで行つた。しかし月島はなかなか來ない。

やうやく月島の横を通り越す頃には、もうつかれきつて氣も遠くなるばかりだ。

「しつかりやれ。もう少しだ、もう少しだ。」

船の上からはしきりに勵ましてくれる。これに力

を得て、又一しやうけんめいに泳いで行く。

目ざす大島はもうそこに見える。波打際には大勢の人が旗を振つたり帽子を振つたりして、「萬歳々々。」と叫んでゐる。

とうとう大島についた。

「あゝ、五海里の海上を僕も泳ぎきることが出來たのだ。」

かう思ふ瞬(しゆん)間、つかれも何も忘れてしまつて、僕も思はず「萬歳。」と叫んだ。

第二十一課　曆の話

夕食をすましてから、緣がはへ出て涼む。父は
空をながめて、

「大層天氣がおだやかになつたね。二百十日も
　これで無事にすんだ。」

と、團扇を使ひながら言つた。すると弟が

「おとうさん、二百十日は立春から二百十日目
　に當るのですね。」

と言つて、日數を數へてみようとした。父は曆
を持つて來て、

「これは略本曆だ。この中にある『通日』で數へ
　て御らん。これは一月一日から數へた日數
　だ。」

かういつて弟の手に渡した。弟はそれを見てし
ばらく考へてゐたが、すぐ二百十日の通日から
立春の前日の通日を引去つて、

「成程、二百十日目だ。」

弟は尚あちらこちら曆をくつてゐるうち、ふと
「八十八夜」の文字に目を止めて、

「こゝに『八十八夜』とありますが、これは何で
　すか。」

團扇

曆

略
曆

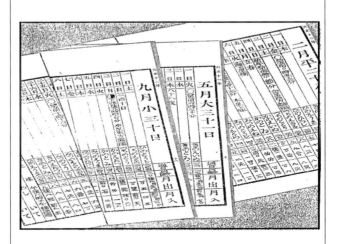

「それも立春から數へると八十八日目で、稲を
　はじめ大ていの物の種をまく目安になる日
　だ。」

僕はこれまで暦といふと、今年は紀元何年であ
るか、何月何日は何曜日であるか、祝祭日・土
用・彼岸・入梅・日食・月食が何時になるかと
いふやうな事を見るものとばかり考へてゐたの
で、此の話を聞いて珍しく感じた。父はなほ言
葉をつゞけて、

「暦を見れば、まだいろいろ大切な事がわかる。
　此の頃の日の出や日の入は何時だらう、満月は
　何日頃だらう。こんな事を知るには『日出』『日
　入』『月齢』を見る。おとうさんが毎年潮干狩に
　よい日を選ぶのも『月齢』を見て知るのだ。」

父は更に

「もつとおしまひの方をあけて後らん。『各地の氣候』といふ所がある。そこを見ると、臺灣や樺太(からふと)のやうな遠い所の氣候までも大體分る。それから雨雪の量は何處が一番多いか、又一年中で何時頃が一番多いか、こんなことも記してある。もつとくはしいことは本暦を見るがよい。かういふやうに、暦はわたしたちに日日の事を教へてくれる大切なものだ。」

僕はよく年寄の人が新の幾日とか舊の幾日とかいふのを思ひ出して、其の事を父に尋ねた。父は

「新は新暦、舊は舊暦のことだ。暦には太陽暦と太陰暦とあつて、日本では明治五年まで太陰暦を用ひてゐたが、其の翌年から太陽暦を用ひた。それから太陰暦を舊暦、太陽暦を新暦といふやうになつた。」

「どうして太陽暦を用ひるやうになつたのですか。」

「太陽暦の方がよく季節にあつて都合がよいからだ。太陽暦は春分から春分までを一回歸年といつて、それを本としてこしらへたものだ。其の

陰

間は約三百六十五日と四分の一だが、便宜上三百六十五日を一年とし、普通四年毎に一日の閏（うるふ）をおくことになつてゐる。ところが太陰暦は月のみちたりかけたりする變化を本としてこしらへたもので、通例十二箇月を一年とするが、此の一年は一回歸年より約十一日少いから、太陽暦とくひちがつて來て、三年にならないうちに一箇月の閏をおかなければならない。したがつて二百十日も太陽暦なら大がい九月一日で、ちがつても一日ぐらゐのものだが、太陰暦になると三十日もちがふことがある。櫻の咲く季節でも霜の降る季節でも、やはりさうである。こんな不便な暦でも長い間の習慣（くわん）で、今でも使つてゐるものがあるやうだ。」

最後に父は

「暦は實に重寶なものだ。こんな重寶なものがあるのに、それを利用しないでゐるのは寶の持ちぐされだ。」

と言葉をそへた。

蕫

第二十二課　リンカーンの苦學

統

雜

アメリカ合衆國第十六代の大統領リンカーンは、今から百年餘り前、ケンタッキー州の片田舍の貧しい家に生れた。

リンカーンが七歳の時、一家はインディアナ州に移つたが、さしあたり家がなくてはならぬので、父は自分で木を切出して小さな家を造つた。それは三方が丸太の壁で、一方は明けはなしになつてゐて、戸も窓も床もないものであつた。家が出來てから次に土地を開きにかゝつた。リンカーンは其の頃からもう父の手助をしなければならなかつた。父が木を伐れば自分は雜草をかり取る、父が畠を打てば自分は種をまくといふ風にかひがひしく働いてゐた。

一家の暮し向は誠にあはれなもので、食物なども自由には得られず、時には生のじやがいもしか食はれないこともあつた。かういふ有様であつたから、リンカーンは十歳頃までは本を讀むことなどは殆ど出來なかつた。唯通りがかりの旅人から珍しい話を聞いては、僅かに心をなぐさめてゐた。

かうしてゐるうちに、知識を得たいといふ彼の欲(よく)望は益益强くなり、父に對して是非學校に入れてもらひたいと願つたけれども、父は學校

へ行つて時間をつぶすよりも畠に出て働いた方がよいといつて、なかなか許してくれなかつた。ところが母のとりなしで終に學校に入ることが出來たので、リンカーンの喜は一通りでなかつた。學校は四哩餘りも離れてゐるが、路の遠いのは少しもいとはず、毎日毎日元氣よく通學した。鉛筆や紙も自由には買へなかつたから、家で算術の練習をするには、木のシャベルと炭を用ひた。シャベルが數字で眞黒になると、それをふいては又書く。大事なことは拾ひ集めた木片などに書留めて忘れないやうにしておく。かういふ心掛であつたから、成績は何時も優等であつた。

しかしせつかく始めた學校通ひも、家事のために僅か一年足らずで止めねばならなくなつた。そらからは又父の手助をしたり、人にやとはれた

鉛

留

優

史

鬼

就

激

覺

りすることになつたが、本を讀みたいといふ心は少しも變らなかつた。ところが家に書物がないばかりでなく、近くに圖書館もないので、どうしても人から借りて讀む外はなかつた。熱心なリンカーンは、書物を持つてゐる人の所には遠近も問はず借りに行つた。さうして其の本の内容がすつかりわかつてしまふまでは何度でも讀む。かうしてイソップ物語やロビンソン、クルーソーや合衆國史等を讀んだ。

或時近邊の人からワシントン傳を借りたことがある。リンカーンはかねがね此の偉(ゐ)人を非常にしたつてゐたので、鬼の首でも取つた氣になつて一心に讀續けた。晝の仕事の合間に讀むのは勿論、夜は床に就いてから燈が盡きるまで讀む。燈が盡きると翌朝すぐ手に取れるやうに、まくらもとの壁際に置く。ところが或夜、夜中に激しい雨が降つたことがあり。リンカーンがふと目を覺した時はもう遲かつた。壁のすき間をもつた雨のために、本がすつかりぬれてゐたので、子供心のも大變心配して、其の晩はとうとう眠れなかつた。翌朝貸してくれた人の家に行つて事情を述べ、

「辨しやうすることが出來ませんから、其の代りに何か仕事をさせて下さい。」

と願つた。其の人は別にとがめもせず、願に任せて三日間畠の草をとらせ、さうして本は其のまゝリンカーンにやつた。リンカーンは其の本をていねいに乾かして、其の後何度も何度も讀返してゐるうちに、此の偉人の品性に深く感化された。

リンカーンは父の手助をして充實に働くと共に、非常な熱心と努力とをもつて勉強を續けた。彼が他日大統領となり、世界の偉人として萬人に仰がれるやうになつたのは、實に此の少年時代の苦心のたまものである。

第二十三課　南米より【父の通信】

一

御手紙拜見致候。二人ともよく勉強し居らるる由、安心致候。勉強も大切なれど、體にも精々御注意なさるべく候。

目下滯在中のリオ、デ、ジャネーロ市は、ブラジル國の首府にて非常に景色よく、港としても有名なる處に候。町のりつぱなる事も、文明諸國の大都會に比して少しも劣る所これなく候。此のブラジル國は、廣さ我が國の十三倍もこれあり、其の大部分は熱滯に屬し居候へども、中央の高地や

劣

海岸地方の大半は割合に凉しく、殊に溫滯に屬する南部の諸州にては、四季の變化も日本の如くはつきり致居候由、唯をかしきは日本の秋が春、日本の冬が夏といふ樣に季節の相反する事に候。

二

此の手紙と一しよに、繪葉書をたくさん小包にて送り申候。其の中に有名なるアマゾン河や、イグアッスーの大瀑布の壯觀を寫したるものもこれあり候。アマゾン河は全長五千五百キロメートル、世界の河の王といはれ居候。河幅は驚く程の廣さにて、河口の處にては、三百二十キロメートルもこれある由、略略東京・豐橋間の距（きよ）離に當り候。次にイグアッスーの瀧は、ブラジル國と隣のアルゼンチン國との境にある大瀑布にて、高さ五十五メートル、幅三千六百メートル、其の壯觀實に筆舌に盡くし難く候。

瀑寫

略豐

舌

三

二週間ばかり前より西方のサンパウロ市に参り居候。此の邊は南米中、日本人の最も多く住める處にて、何處に行きても日本人を見かけ候は甚だ愉(ゆ)快に候。殊に日本人の小學校ありて、御前たちぐらゐの子供が通學し居るを見ては、殆ど身の南米に在るを忘れ候。

世界に名高きブラジルコーヒーの主要なる産地も此の邊にて、甘蔗(しや)・綿花・米等もよく出來る由に候。昨日知人に誘はれてコーヒー園見物に出掛け候。大勢の人々が熟したるコーヒーの實を手にてこき落し、之を集めてみぞに投入れ候へば、まじりたる石・砂などは沈み、實のみ浮びて流れ候を、下流にてすくひ上げ、之を廣きほし場にて乾かし候。之を機械にかけて皮を除き、袋に入れて外國に輸出する由に候。

コーヒー園には多くの日本人が働き居候。中にも十三四ばかりの子供が、各國人の間にまじりてかひがひしく立働ける様を見ては、如何にもけなげに存ぜられ候。

在

甘

誘

四

森林地開墾(こん)の様子を視察致居候ため、しばらく無沙汰に打過ぎ候。

ブラジルは何處へ参りても果なき原野と森林とに候。原野は大てい牧場にて、牛馬は放し飼にせられ居候。森林には大木すき間もなく繁茂し、其の根本には、つる草・灌(くわん)木など思ふまゝにはびこり居候。かゝる處にても日本人が盛に開墾に従事致居り、其の有様は如何にも男らしく勇ましきものに候。

視

牛

茂

抱

先づ柄(え)の長さ一間もあるなたにて灌木を伐拂ひ、次にをのを振るつて大木を伐るに、三抱も四抱もあるものが地ひゞきを打つて倒るる樣、壯快言語に絶し候。伐倒したる木は乾くまで其のまゝに致置き、さて四方より火を放てば、天をもこがすばかりのほのほをあげて燃ゆる光景は、實にすさまじきものに候。燃えあとは取片附けて畠とし、コーヒー・わたの木などを植付け申候。

ブラジルの視察も大體終り候間、程なく歸國致すべく候。

第二十四課　孔明

雲

窓

　　　白雲いういう去り又來る。

　　　　西窓一片殘月あはし。

　　　　　うき世をよそなるしづけき住居、

　　　　　　出でては日毎畑を打ち、

　　　　　　　入りては机に書(ふみ)をひもとく。

　　　　雪降りみだるゝ冬のあしたに、

　　　　　風なほ冷たき春のゆふべに、

顧

　　　　　　劉備(りうび)が三顧のこよなき知遇(ぐう)、

　　　　　　　我が身をすてて報いんと、

起

　　　　　　　　起ちてぞ出でぬる、草のいほりを。

漢

帝

露

天下を定むる三分
の計、
　たなそこの上に
　指さすがごと。
　　いしずゑ固め
　　し蜀(しよく)漢
　　の國、
　　　漢中王はお
　　　ごそかに
　　　　帝の位を
　　　　ふませ給
　　　　ひぬ。

二代の帝に盡くす
眞心、
　強敵ひしぎて世
　をしづめんと、
　　三軍進めし五丈原頭、
　　　はかなく露と消えしかど、
　　　　其の名はくちせず、諸葛孔明
　　　　(しよかつこうめい)。

第二十五課　自治の精神

<table>
<tr><td>基</td><td rowspan="1">我が國の地方自治團體には、府・縣・市・町・村の別がある。其の土地に廣い狭いがあり、其の組織に繁簡の差があるにしても、地方自治の精神に基づいて其の團體の幸福を進め、國運の發展を期することは皆同じである。</td></tr>
</table>

基

協
致

一般

私
勸誘

我が國の地方自治團體には、府・縣・市・町・村の別がある。其の土地に廣い狭いがあり、其の組織に繁簡の差があるにしても、地方自治の精神に基づいて其の團體の幸福を進め、國運の發展を期することは皆同じである。

一體自治の精神とは何であるか。地方人民が協同一致して自ら地方公共の事に當り、誠意其の團體の爲に力を盡くす精神が即ちそれである。此の精神は實に自治制の根本であり、又其の生命である。一般人民が府縣市町村會議員を選擧するにも、府縣市會で參事會員を選擧するにも、市町村會で市町村長を選擧するにも、皆此の精神を本としなければならない。又市町村長が其の事務を處理するにも、議員が豫算を議するにも、常に此の公平な精神をもつてしなければならない。

市町村長や議員を選擧するには、專ら其の人物に重きをおいて、決して親族・緣故其の他私交上の關係の爲に心を迷はすやうなことがあつてはならない。まして威力によつて強制するとか、私利によつて勸誘するとかいふやうな手段を用ひたり、又此の手段に動かされたりするのは、自治の精神に全く反するものである。本當に

自治の精神に富んでゐる者は、公平無私、地方
公職の爲の適任者を擧げることだけを考へて、
決して私心をもたないのである。

公吏・議員等、直接間接に公共の事務に當る者
は、如何に其の職務に忠實であつても、一般の
人民の後援がなければ自治團體の圓滿な發達を
望むことは出來ない。それであるから人々は常
に自治制の本旨を辨へ、協同一致して團體の福
利を增進することを心掛けねばならない。例へ
ば教育・衛生等の自治團體の事業は、地方人民
が一般に之を尊重し、之に協力することによつ
て、始めて其の効果を完全に擧げることが出來
る。又産業組合を設けたり、慈善事業を起した
り、又は青年團を組織して産業の發達、風俗の
改善等に務めたりするのは、皆公共心の發動で
あつて、自治の精神を養成し、自治團體を助長
するものであるから、地方人民は大いにこれ等
の事業に力を盡くさねばならぬ。

制度を運用するのは人である。自治制も、之を
運用する人民に自治の精神が乏しければ、よい
結果を得ることは到底望まれない。

吏

旨
辯

尊

慈善

第二十六課　ウェリントンと少年

昔イギリスの或大きな農場で、農場主が大勢の人の耕作するのを監(かん)督してゐた。

ふと向ふを見ると、銃獵(れふ)に出たらしいりつぱな騎馬の人たちが、眞一文字にこちらへかけて来る。農場主はせつかくよく出来てゐる麥を、たくさんの馬や犬にふみあらされてはたまらないと思つて、そばに居た自分の子に、

「ジョージ、早く行つて農場の門をしめろ。人が何と言つても決してあけるな。」

と言ひつけた。

ジョージがとんで行つて門の戸にくわんぬきをさすが早いか、騎馬の人たちはもう門の外まで乗りつけた。さうしてジョージに早くあけて通すやうにと言つた。するとジョージは、

「皆さん、此處は通れません。僕はおとうさんから、誰が来ても此の門をあけてはならないと言ひつけられてゐるのです。」

と言つてどうしてもあけない。騎馬の人たちは、あけないとなぐるぞと言つておどしたり、あけてくれゝばお禮に金貨をやると言つてすかしたりした。しかしジョージは依然として、

「おとうさんは、誰が来ても此の門をあけてはな

依

紳

勳

恭

背

答

らないと僕に言ひつけました。」

とくり返すばかりであつた。最後に目つきのや
さしい老紳士が言つた。

「私は公爵(しやく)ウェリントンだ。よい子だか
ら私の頼をきいてくれ。」

ジョージは、かねてウェリントン公爵が勲功も
高く、りつぱな人物であるといふ事を聞いてゐ
たので、帽子をぬいで恭しく敬禮して、さて静
かに口を開いた。

「ウェリントン公爵ともいはれるえらいお方
が、おとうさんの言ひつけに背けとおつしや
らうとは、どうしても考へられません。僕
は、誰が来ても此の門をあけてはならないと
おとうさんに言はれてゐるのです。」

公爵はひどく此の答が氣に入つた。さうして自
身も帽子をぬいで答禮し、一同を引連れて立去
つた。

ジョージは後を見送つて、帽子を振りながら叫
んだ。

「ウェリントン公爵萬歳。」

第二十七課　ガラス工場

砂灰

昨日橋本君と一しよに町はづれのガラス工場を見に行つた。

最初にはいつたのは原料を調合するところで、マスクをかけた職工が珪(けい)砂にソーダ灰や石灰石の粉を入れてかきまぜてゐた。シャベルでざくざくかきまぜると、白い粉が一面に煙のやうに立ちのぼつて、目も口もあけられない。こんなところで毎日働いてゐる人たちは、どんなにつらいことであらうと思つた。

次の建物にはいると、こゝには熔解窯(ようかいがま)がある。とけたガラスが中でぎらぎらかがやいてゐる。窯の周圍には、八九人の職工が汗を流して働いてゐる。細長い管の一端を、とけたガラスの中に突つこんで引出すと、先に赤い玉

がくつついてゐる。一端に口を當てて息を吹き
こむと、ぷうつとふくれる。ふり動かしては又
吹く。いよいよ大きくなる。まるであめ細工の
やうである。見てゐるうちに大きなフラスコが
出來た。こちらを見ると、そこではちよつと吹
いて型(かた)に入れ、又吹いて型から出す。何が
出來るであらうかと思つてゐると、いろいろ扱
つてゐるうちに臺付のコツプになつた。實にう
まいものである。

橋本君にうながされて、次の室にはいつた。
こゝは加工場である。調べかはの廻るにつれ
て、石や木や金の圓板が車輪のやうに廻つてゐ
る。エプロンをかけた職工がガラスの皿やコツ
プなどを、此の圓板にあてて模様をほりつけた
り、みがきをかけたりしてゐる。隣の室では、
職工が五六人ならんで、ガラス器にいろいろの
模様をつけてゐる。

歸りがけに事務所の陳(ちん)列棚を見せてもらつ
た。皿・コツプをはじめ、鉢・びん・花びん・
水さしなどがきれいに並んでゐた。取分け美し
かつたのは電燈の笠で、赤・黄・紫・綠とりど
りに目もさめるばかりであつた。

第二十八課　鐵眼の一切經

一切經は、佛教に關する書籍を集めたる一大叢（そう）書にして、此の教に志ある者の無二の寶として貴ぶところなり。しかも其の卷數幾千の多きに上り、これが出版は決して容易の業に非ず。されば古は、支那より渡來せるものの僅かに世に存するのみにて、學者其の得がたきに苦しみたりき。

今より二百數十年前、山城宇治（うぢ）の黄檗（わうばく）山萬福寺に鐵眼（てつげん）よいふ僧ありき。一代の事業として一切經を出版せん事を思立ち、如何なる困難を忍びても、ちかつて此のくはだてを成就せんと、廣く各地をめぐりて資金をつのること數年、やうやくにして之をとゝのふる事を得たり。鐵眼大いに喜び、將に出版に着手せんとす。たまたま大阪に出水あり。死傷頗る多く、家を流し産を失ひて、路頭に迷ふ、

經籍

巻版

渡

寺

忍成就

喜捨 救 悉 志 慕 止	者數を知らず。鐵眼此の狀を目擊して悲しみに たへず。つらつら思ふに、「我が一切經の出版 を思立ちたるは佛教を盛にせんが爲、佛教を盛 にせんとするは、ひつきやう人を救はんが爲な り。喜捨を受けたる此の金、之を一切經の事に 費すも、うゑたる人々の救助に用ふるも、歸す る所は一にして二にあらず。一切經を世にひろ むるはもとより必要の事なれども、人の死を救 ふは更に必要なるに非ずや。」と。すなはち喜 捨せる人々に其の志を告げて同意を得、資金を 悉く救助の用に當てたりき。 苦心に苦心を重ねて集めたる出版費は、遂に一 錢も殘らずなりぬ。然れども鐵眼少しも屈せ ず、再び募(ぼ)集に着手して努力すること更に數 年、效果空しからずして宿志の果さるゝも近き にあらんとす。鐵眼の喜知るべきなり。 然るに、此の度は近畿(き)地方に大飢饉(ききん) 起り、人々の困苦は前の出水の比に非ず。幕府 は處々に救小屋を設けて救助に力を用ふれど も、人々のくるしみは日々にまさりゆくばかり なり。鐵眼こゝにおいて再び意を決し、喜捨せ る人々に說きて出版の事業を中止し、其の資金 を以て力の及ぶ限り廣く人々を救ひ、又もや一 錢をも留めざるに至れり。

奮

刷

倉庫

二度資を集めて二度散じたる鐵眼は、終に奮つて第三回の募集に着手せり。鐵眼の深大なる慈悲心と、あくまで初一念をひるがへさざる熱心とは、強く人々を感動せしめしにや、喜んで寄附するもの意外に多く、此の度は製版・印刷の業着々として進みたり。かくて鐵眼が此の大事業を思ひ立ちしより十七年、即ち天和元年に至りて、一切經六千九百五十六卷の大出版は遂に完成せられたり。これ世に鐵眼版と稱せらるゝものにして、一切經の廣く我が國に行はるゝは、實に此の時よりの事なりとす。此の版木は今も萬福寺に保存せられ、三棟百五十坪の倉庫に満ち満ちたり。

福田行誡(ぎやうかい)かつて鐵眼の事業を感歎していはく、「鐵眼は一生に三度一切經を刊(かん)行せり。」と。

尋常
小學　　國語讀本卷十一　　終

大正十一年十二月廿二日　印　刷

大正十一年十二月廿五日　發　行

大正十四年九月七日　修正印刷

大正十四年九月十日　修正發行

（非賣品）

著作權所有

著作兼發行者　文部省

東京市小石川區久堅町百八番地

印刷者　大橋光吉

東京市小石川區久堅町百八番地

印刷所　博文館印刷所

文部省編纂(1922〜1923)

『尋常小學 國語讀本』

卷十二

第6學年 2學期

尋常
小學

國語讀本 卷十二

文部省

目録

第一課　明治天皇御製

古のふみ見るたびに思ふかな、
　　　おのが治むる國はいかにと。

淺綠すみわたりたる大空の
　　　ひろきをおのが心ともがな。

大空にそびえて見ゆるたかねにも、
　　　のぼればのぼる道はありけり。

ほどほどに心を盡くす國民の
　　　ちからぞやがてわが力なる。

昇

さし昇る朝日の如く、さわやかに
　　　もたまほしきは心なりけり。

よきを取りあしきを捨てて、とつ國に
　　　おとらぬ國となすよしもがな。

邊

荒駒(ごま)を馴らしがてらに、野邊遠く
　　　櫻がりするますらをのとも。

いづ方に志してか、日盛りの
　　　やけたる道を蟻(あり)の行くらむ。

はるばると風のゆくへの見ゆるかな、
　　　すゝきがはらの秋の夜の月。

海(うな)原はみどりに晴れて、濱松の
　　　こずゑさやかにふれる白雪。

第二課 出雲【いづも】大社

松江を發したる汽車は風光繪の如き宍道(しんぢ)湖畔(はん)を走ること約四十分、やがて新川を渡り更に進みて斐伊(ひい)川の鐵橋にかゝる。傍なる人のいふやう、「此の川は古の簸川(ひのかは)にして、かのをろち退治の傳説あるは此の川の川上なり。」と。

今市を過ぎ、大社驛に着きぬ。停車場の外に出づれば、秋晴の空はあくまですみて、暖き春の如し。旅行にはよき日なりなど思ひつゝ、參詣人の群にまじりて行けば大鳥居あり、巨(きよ)人の如く我がゆくてに立つ。七十五尺の大鳥居とは、これなるべし。

やがて打續く松並木の間を過ぎて境内に入り、先づ拜殿の前にぬかづく。

昔、大國主命(みこと)賊を平げ民をなつけて、威勢四隣に並ぶものなし。時に天照大神の使者建御雷(たけみかづち)命此の地に來りていふやう、

「大神の勅にいはく、『此の葦(あし)原の中つ國は皇孫之をしろしめすべし。』と。快く此の國をたてまつり給ふや如何に。」

大國主命答へていはく、

「我もとよりいなみ奉る心なし。我が子事代主(ことしろぬし)とはかりて答へ申さん。」

此の時事代主命はすなどりのため美保﨑(みほのさき)といふ處にありしが、使を得て急ぎ歸り、父君に申すやう、

「かしこし。仰のまゝにたてまつり給へ。」

こゝにおいて大國主命、

「此の葦原の中つ國を皇孫にたてまつりて、とこしへに天つ日嗣(つぎ)を護りまつらん。」

と申して恭しく國土をたてまつりぬ。大神其の眞心の厚きを賞して、命の爲に壯大なる宮殿を造らしめ給ふ。これ卽ち出雲大社の起原なり。

此の社は規模の大なるを以て世に知られ、本殿の如き其の高さ實に八十尺に及ぶ。千木のほとりを飛ぶ鳩(はと)の、さながら雀の如く見ゆるも、社殿の高大なる爲なるべし。

實物殿に入りて拜觀するに、火きりぎね・火き
りうすといふものあり。太さ中指ほどなる細長
き棒と、幅四五寸長さ三尺ばかりの厚板とな
り。此の棒を此の板の上にてきりをもむが如く
廻せば、摩擦(まさつ)によりて火を生ず。此の社
にては、今も太古の法に從ひ、之によりて火を
作るといふ。

境内を出でて海岸に到る。稻佐(いなさ)の濱とい
ふ處なり。かの建御雷命が大國主命と會見せら
れしは此處なりといふ。折から日は地平線に近
づきて、雲も水も金色に輝き、美しさいふばか
りなし。なぎさに立ちて昔をしのべば、そのか
み此處にいかめしく向ひあひけん英雄の姿、今
まのあたり見るが如く、打寄する波の音さへ何
事をか語るに似たり。

金色
輝

第三課　チャールス、ダーウィン

チャールス、ダーウィンは今から百年餘り前イギリスに生れた。ごく小さい時分から動植物に深い趣味を持ち、又物を集めることがすきで、貝殻(がら)や鑛石などを室内に並べては一人で樂しんでゐた。

九歳の時始めて學校にはいつたが、餘りすばしこい生れつきでなかつたので、先生にもむしろ中以下の生徒と思はれてゐた。又父には

「お前のやうに犬の世話やねずみを取ることにばかり熱心では困るではないか。」

といつて叱られたことがあつた。

十歳の頃には昆(こん)蟲採集を始めた。又いろいろの鳥を注意して見ると、それぞれ違つた面白い習性をもつてゐるので、見れば見る程興味がわき、人はなぜみんな鳥類の研究をしないだらうと不思議に思ふやうになつた。

鑛

叱
蟲

父はダーウィンを醫者にしようと思つて大學へやつた。温順な彼は父の命に從つて勉強してゐたが、何時の間にか好きな博物學の研究が主となつてしまつた。

此の頃のことであつた。或日彼が古木の皮をむくと、珍しい甲蟲が二匹ゐた。早速両手に一匹づつつかむと、又一匹變つたのが見えた。これも逃しては大變と、いきなり右の手の蟲を口の中へ投込んだ。投込まれた蟲は苦しまぎれに恐しく辛い液（えき）を出したので、思はず吐出すと、蟲は得たりと逃げてしまつた。此の時にはもう三番目の蟲はどこへ行つたかわからなかつた。

逃
辛 吐

彼が探檢船ビーグル號に乘込んで意氣揚々と本國を出發したのは、二十三歳の時である。かくて世界の各地をめぐつて、歡喜の眼を輝かしながら、博物學や地質學の實地研究につとめ、種々の材料を集めて本國に歸つたのはそれから五年の後である。此の航海によつて彼の博物學者としての基礎（そ）が十分に出來、一生の方針がはつきりときまつた。

探 揚

針

ダーウィンは興味を覺えると、あくまでそれにこる性質で、一度何かをし始めたら、滿足な結果を得るまでは決して中途でやめなかつた。し

かも日常生活は極めて規則正しく、毎日きめた時間割通りに仕事を進めて、たとへ十分、十五分の餘暇でも無益に費すことがなかつた。

ダーウィンの後半生は病氣がちであつたが、此の規則正しい生活とふだんの養生とによつて、七十四歳の長壽(じゆ)を保つことが出來た。さうして廣く動植物を研究して、生物は總べて長年月の間には次第に變化し、下等なものから高等なものへと進むものであるといふことを證明した。これが有名な進化論で、學界を根本から動かしたものである。

暇

保

第四課　新聞

速	世の出來事を速に知らんとするは人情の常なり。されば珍しき事件の起りし時、之を記述して印刷に附し、廣く發賣することは古より行はれたりしが、印刷術の幼稚(ち)なる時代にありては、唯をりをり興味ある特殊の事件を報道するに過ぎざりき。されど人智の進歩と印刷術の發達とは、何時までもかく單純にして遊戯的なるものに滿足すべくもあらず、やがてあまねく内外の事件を報ずると共に時事を論ずるもの起りて、こゝに始めて我等の生活に切實なる關係を有するものとはなりぬ。我が國にてかゝる新聞の現れたるは維(ゐ)新前後にして、其の後數十年の間に驚くべき發達を遂げたり。

(左欄外 上から: 速　殊　單純戯　現遂)

勿論今日我が國にて發行せらるゝ新聞中にも大小種種ありて、一がいには言難けれども、相當に名ある新聞は、通信に、印刷に、あらゆる文明の利器を用ふるを以て、今や遠くヨーロッパに起りし事件も僅か一兩日にして讀者に報道せらる。

然らばかくの如き新聞は如何にして編輯(しふ)せられ、印刷せられ、讀者に配布せらるゝか。

先づ社の組織について述べん。これも社により

<table>
<tr><td>

統
司
販

</td><td>

て多少の相違はあれども、多くは總務局ありて
全體を統べ、編輯・營業の二局ありて、編輯に
關することは前者之を司どり、販賣・廣告に關
することは後者之を擔當す。しかして編輯局は
更に編輯部・政治部・經濟(ざい)部・社會部・通
信部・外報部・學藝(げい)部・寫眞部・校正部等
に分れ、各部にそれぞれ掛の記者又技術家あり
て、或は出でて材料を取り、或は社内にありて
編輯事務にたづさはる。此の外、國内各地は勿
論、世界各國主要の地に特派(は)員又は通信員あ
りて、事件起れば直に電話又は電信にて通知し
來る。

</td></tr>
<tr><td>

繪
刷

</td><td>

さて編輯部にては刻々集り來る原稿(かう)を選擇
(たく)整理し、繪畫・寫眞等と共に之を印刷部に
送る。印刷部にては直に所要の活字を拾ひて之
を組み、校正刷を刷りて校正部に廻す。校正終
れば紙型(けい)に取り、更に之をもととして鉛板
を造り、印刷機にかく。

</td></tr>
<tr><td>

能

</td><td>

かくいへば、頗る繁雜にして多大の時間を要す
る如くなれども、原稿締(しめ)切時刻より刷出ま
で其の間僅かに數十分、以て其の如何に速なる
かを知るべし。殊に驚くべきは輪轉機の能力な
り。巻取紙とて幅三尺六寸、長さ一萬六千尺餘
りのものを之に取りつくれば、機械は電力によ

</td></tr>
</table>

りて働き、印刷も切斷も人手を要せず、一臺よく一分間に四百五十枚を印刷すといふ。

かくて刷上りたる新聞は、直に販賣部を經て遠近に發送せらる。但し大新聞にありては、比較(かく)的早く印刷したるものをば地方版として遠隔の地方へ送り、新しき事件ある毎に改版して、最後の最も新しきものを市内版とす。されば同一日附の同じ新聞にても、發行地にて受取るものと他地方にて受取るものとは、記事に多少の相違あるを常とす。

但

隔

第五課　蜜柑山

　　　沖を走るは丸屋の船か、

　　　　丸にやの字の帆が見える。

調子のよい蜜柑(みかん)採歌がすみきつた晩秋の
空氣をふるはして、何處からともなくのどかに
聞えて來る。今登つて來た方を振返つて見る
と、幾段にも幾段にもきづき上げられた山畑に
は、蜜柑の木が行儀(ぎ)よく並んでゐる。どれを
見ても、枝といふ枝にはもう黄金色に色づいた
實が鈴(すゞ)なりになつてゐる。黒い程こい緑の
葉の間から、其の一つ一つが日の色にはえてく
つきりと浮出てゐるのが見える。

採

黄金

日和

又少し登る。どの山を見てもどの谷を見ても、蜜柑の木でない處はない。ふと見ると、ついそばの木の下では、かごを首に掛けた二三人の男が、器用な手つきで蜜柑を探つてゐる。さつきの歌の主であらう。あちらでもこちらでも、さえたはさみの音がちよきんちよきんと聞える。

ふもとの川を白帆が二つ三つ通つて行く。あれは港の親船へ蜜柑を運んで行くのであらう。小春日和の暖さにとけて、其處からも夢のやうに船歌が聞えて來る。

第六課　商業

商業は之に從事する商人だけを利するためのものではない。商人たる者は、よく共同生活の眞意義を辨へ、品質のよい品物をなるべく安價になるべく敏速に供給して、廣く公衆の爲を計らなければならぬ。これ即ち世間の信用を博して堅實に自己の事業を發展させる道である。

買ふ人の無智に乗じて安い品を高く賣付け、見本には精良な品を使つて、實際の注文に對しては粗惡なものを送るやうな事は、人として爲すべからざる事である。又單に損益の點から見ても、かやうな仕方は唯一時の利益を得るに止つて、永續することが出來ないから、つまりは小利をむさぼつて大損を招く結果になる。

外國貿易に至つては、之に從事する者の心掛け如何の影響(きやう)が更に大きい。即ち一人の貿易商が外人の信用を失ふやうな事をすれば、忽ち國全體の商品の信用に關係して、貿易の不振を招き國運の發展をもさまたげることになる。外國貿易業者はかへすがへす深く此の點に注意しなければならぬ。

昔は個人の利益を營むのが商業であると思はれてゐた。それ故大多數の商人は、自己の利益を

敏
堅己
際爲
永
影
振
個

忍耐

賤

程

解

格

誤

除いては、殆ど何物をも眼中に置かず、忍耐も
努力も要するに皆自己の爲であつた。彼等が町
人といつて賤しめられたのも其の爲であらう。
これはひつきやう文明の程度が低いために、共
同生活の意義が明らかでなく、隨つて商業の本
質が理解されず、商人の人格が重んぜられなか
つたからである。文明の進んだ今日尚此のやうな
考を持つのは、大きな誤といはねばならぬ。

第七課　鎌倉

劒

極

七里が濱のいそ傳ひ、

稲村﨑(いなむらがさき)、名將の

劒投ぜし古戰場。

極樂寺坂越え行けば、

長谷(はせ)觀音の堂近く、

露坐の大佛

　　おはします。

七里が濱

由比(ゆひ)の濱
邊を右に見
て、
雪の下道
　過行けば、
八幡(まん)宮の
　御やしろ。

上るや石のき
ざはしの
　左に高き大い
てふ、
問はばや遠き
世々の跡。

若宮堂の舞の袖、
しづのをだま
きくりかへし
かへしし人を
しのびつゝ。

鎌倉宮にまう
でては、
盡きせぬ親王
（みこ）のみう
らみに、
悲憤の涙わき
ぬべし。

歴史は長し
七百年、
興亡すべて

憤

圓覚寺山門

ゆめに以て、
英雄墓は
　こけむしぬ。

建長・圓覺
　古寺の
山門高き松風
に、
　昔の音やこ
もるらん。

覺

第八課　ヨーロッパの旅

一　ロンドンから

ロンドンは何と言つても世界の大都會です。テームス川を飾るタワー橋・ロンドン橋を始め、國會議事堂・大英博物館・ウェストミンスター寺院、其の他見る物聞く物唯々驚く外はありません。

昨日大英博物館を一覧しました。陳（ちん）列品の多種多様で、しかも其の数量の數限りもないのは、さすがに世界の大博物館といはれるだけあると思ひました。我が日本のよろひ・かぶと其の他の武器類もたくさん集めてあります。

市街を見物して私の特に感心したのは、市民が交通道徳を重んずることです。往

混 藝 麗 側	來の頻(ひん)繁な街上でも、よく警官の指揮に従つて、混亂することがなく、地下鐵道・乘合自動車などの乘り下りにも、むやみに先を爭ふやうなことはありません。 　　二　パリーから 一昨日朝ロンドンを出發して午後早くパリーに着きました。 此處はさすがに藝術の都として世界に聞えてゐるだけあつて、建物なども一般に壯麗です。 世界最美の街路といはれてゐるシャンゼリゼーの大通には、五六層もある美しい建物が道路の兩側に並び、車道と人道との間には、緑したゝる街路樹が目もはるかに連なつてゐます。有名な凱旋(がいせん)門は此の大通の起點にあります。 

ルーブル博物館も一覧しましたが、りつ
ぱな繪畫・彫刻の多いことは恐らく世界
第一であらうと思ひました。又エッフェ
ル塔にも登つて見ました。此の塔は世界
最高の建物で、高さが三百メートルもあ
るさうです。塔の中には賣店もあり、音
樂堂・食堂なども設けられてあります。
眺望臺で眺めると、道を往來してゐる人
間や自動車などは、まるで蟻（あり）のは
ふやうに見えるし、さしもの大きなパ
リー市も殆ど一目に見えます。

　　　三　ベルダンから

あゝ、此のむざんな光景を御らんなさ
い。山も森も村も皆燒野が原と變つてゐ
ます。

彫

眺
眺

跡

私は今落日に對して、うすら寒い秋風を浴びながら、山鳩(ばと)の聲さびしきベルダンの戰跡に立つてゐます。

四　ベルリンから

汽車でドイツの國内にはいつたのは朝まだほの暗い頃でしたが、もう沿道の田畑には農夫が鍬を振るつてをり、又工場といふ工場には盛に黒煙が上つてゐました。これはイギリスやフランスなどでは見られぬ光景で、私は今更ながらドイツ人の勤勉なのに驚きました。やがてベルリンに入つて見ても、勤儉の美風が市民の間にあふれてゐて、彼等が大戰後における自國の疲弊(ひへい)を回復するため盛に活動してゐるのには全く敬服しました。

儉

五　ジュネーブから

青	世界の公園といはれてゐるスイスは、到る處我が日本のやうに景色がよい。私は今ジュネーブ市のモンブラン橋のてすりにもたれて、ジュネーブ湖上の風光に見とれてゐます。るり色の水に浮ぶルソー島、湖畔に連なる緑樹・白壁、はるかに紺青の空にそびえて雪をいたゞくアルプの連峯。久しく單調平凡な景色にあきてゐた私には、如何にも心地よく眺められます。

第九課　月光の曲

友	ドイツの有名な音樂家ベートーベンがまだ若い時分のことであつた。月のさえた冬の夜友人と二人町へ散歩に出て、薄暗い小路を通り、或小さいみすぼらしい家の前まで來ると、中からピヤノの音が聞える。 「あゝ、あれは僕の作つた曲だ。聽き給へ。なかなかうまいではないか。」 彼は突然かういつて足を止めた。 二人は戸外にたゝずんでしばらく耳をすましてゐたが、やがてピヤノの音がはたと止んで、
演	「にいさん、まあ何といふよい曲なんでせう。私にはもうとてもひけません。ほんたうに一度でもよいから、演奏會へ行つて聽いてみたい。」 と、情ないやうにいつてゐるのは若い女の聲である。 「そんなことをいつたつて仕方がない。家賃さへも拂へない今の身の上ではないか。」 と兄の聲。 「はいつてみよう。さうして一曲ひいてやらう。」 ベートーベンは急に戸をあけてはいつて行つた。

友人も續いてはいつた。

薄暗いらふそくの火のもとで、色の青い元氣のなささうな若い男が靴を縫つてゐる。其のそばにある舊式のピヤノによりかゝつてゐるのは妹であらう。二人は不意の來客にさも驚いたらしい様子。

「御免下さい。私は音樂家ですが、面白さについつり込まれて參りました。」

とベートーベンがいつた。妹の顔はさつと赤くなつた。兄はむつつりとしてやゝ當惑(わく)の體である。

ベートーベンも我ながら餘りだしぬけだと思つたらしく、口ごもりながら、

「實はその、今ちよつと門口で聞いたのですが、――あなたは演奏會へ行つてみたいとかいふお話でしたね。まあ一曲ひかせていたゞきませう。」

其の言方が如何にもをかしかつたので、言つた者も聞いた者も思はずにつこりした。

「有難うございます。しかし誠に粗末なピヤノで。それに樂譜(ふ)もございませんが。」

と兄がいふ。ベートーベンは、

「え、樂譜がない。それでどうして。」

異

といひさして、ふと見ると、かはいさうに妹は
めくらである。

「いや、これでたくさんです。」

といひながら、ベートーベンはピヤノの前に腰
を掛けて直にひき始めた。其の最初の一音が既
にきやうだいの耳には不思議にひゞいた。ベー
トーベンの兩眼は異樣に輝いて、彼の身には俄
に何者かが乗移つたやう。一音は一音より妙を
加へ神に入つて、何をひいてゐるか彼自らも覺
えないやうである。きやうだいは唯うつとりと
して感に打たれてゐる。ベートーベンの友人も
全く我を忘れて、一同夢に夢見る心地。

折から燈がぱつと明るくなつたと思ふと、ゆら
ゆらと動いて消えてしまつた。

ベートーベンはひく手を止めた。友人がそつと
立つて窓の戸をあけると、清い月の光が流れる
やうに入込んで、ピヤノとひき手の顔を照らし
た。しかしベートーベンは唯だまつてうなだれ
てゐる。しばらくして兄は恐る恐る近寄つて、
力のこもつた、しかも低い聲で、

「一體あなたはどういふ御方でございます
　か。」

「まあ待つて下さい。」

ベートーベンはかういつて、さつき娘がひいて

ゐた曲を又ひき始めた。

「あゝ、あなたはベートーベン先生ですか。」

きやうだいは思はず叫んだ。

ひき終るとベートーベンは、つと立上つた。三人は「どうかもう一曲。」としきりに頼んだ。彼は再びピヤノの前に腰を下した。月は益益さえわたつて来る。「それでは此の月の光を題に一曲。」といつて、彼はしばらくすみきつた空を眺めてゐたが、やがて指がピヤノの鍵(けん)にふれたと思ふと、やさしい沈んだ調は、ちやうど東の空に上る月が次第々々にやみの世界を照らすやう、一轉すると、今度は如何にもものすごい、いはば奇怪な物の精が寄集つて、夜の芝生(しばふ)にをどるやう、最後は又急流の岩に激し、荒波の岸にくだけるやうな調に、三人の心はもう驚と感激で一ぱいになつて、唯ぼうつとして、ひき終つたのも氣附かぬくらゐ。

「さやうなら。」

ベートーベンは立つて出かけた。

「先生、又お出で下さいませうか。」

きやうだいは口を揃へていつた。

「参りませう。」

ベートーベンは、ちよつとふりかへつてめくらの

聲

娘を見た。

彼は急いで家に歸つた。さうして其の夜はまんじりともせず机に向つて、かの曲を譜に書きあげた。ベートーベンの「月光の曲」といつて、不朽(きう)の名聲を博したのは此の曲である。

第十課　我が國の木材

我が國に産する木材は其の種類頗る多し。今其の主要なるものを擧ぐれば、杉・檜(ひのき)・もみ・つが・ひば・松・落葉松(からまつ)・けやき・栗・かし・なら・くぬぎ等なり。

凡そこれ等の木材は、其の有する性質によりて各種の用に供すべく、隨つて何れも重要ならざるはなけれど、中にも其の用途の廣きは杉及び檜なり。殊に杉は人爲によりて容易に増殖せらるゝ點において檜にまさり、其の需要の多きこと我が國の木材中第一位になり。家屋・橋梁(りやう)・船舶(ばく)・電柱による桶・たる・曲物の類に至るまで、一として杉を用ひざるなし。然れども材の優良にして美麗なるは檜を以て第一とすべし。光澤と香氣とを有し、ねばり強くして、割れ、そる等の憂極めて少く、又よく濕(しつ)氣に耐ふるが故に、建築材として最も重んぜらる。唯杉に比して産額少く、増殖やゝ困難なるは惜しむべし。

もみ・つがは共にそり又は伸(の)び縮みすること著しきを以て、杉・檜に比すれば用途甚だ狹し。されど何れも美しき光澤を有するが上に、もみは柔かにして工作に便なれば、諸種の箱を作るに用ひられ、つがは堅くして久しきに耐ふ、

殖

柱

澤香憂耐築

縮

柔

久具 磨裝珍 烈薪 著	るが故に、家屋の柱・土臺となすに宜し。 ひば・松・落葉松は何れも堅くして、耐久・耐濕の性あるを以て建築・土木・造船等其の用途頗る廣し。ひばは抵抗(ていかう)力を有し、松と落葉松とは彈力に富む等、各其の特性を具へたり。 けやき・栗・かしは何れも甚だ堅く、もくめこまやかなり。中にもけやきはもくめ美しく、磨けば美麗なる光澤を生じ、又くるひ少きが故に裝飾材として珍重せられ、栗は耐久・耐濕の性殊に著しきを以て、家屋の土臺、鐵道のまくら木等の用に供せられ、かしは最も堅くして彈力に富むが故に、櫓(ろ)・車・運動器具の如き強烈なる力を受くるものを製作するに適せり。 かしは又なら・くぬぎと共に薪炭材として重要なるものなり。 杉は吉野杉・秋田杉を以て第一とし、檜は木曽(きそ)産の聲譽高く近時臺灣阿里(あり)山の檜また有名なり。ひばは津輕(つがる)半島に最も多く産す。松に至りては産地極めて廣くして、奧羽(あうう)地方より九州に至るまで殆ど之を見ざる處なく、其の豐富なること我が國の木材中の首位を占む。中にも南部松・日向(ひうが)松は良材として最も世に著る。

第十一課　十和田湖

十和田(とわだ)湖は一部分秋田縣鹿角(かづの)郡に屬し、其の餘は青森縣上北郡に屬してゐる。此の邊は一體に山地で、湖面は海面より四百メートルも高く、其の面積は約六十方キロメートルある。

湖岸線は大體單調であるが、東南岸だけは二つの半島が並んで突出してゐるためにやゝ複雜になつてゐる。岸は絕壁になつてゐる處が多く、殊に兩半島にはさまれてゐる中湖(なかのうみ)の東岸の如きは、絕壁の高さが二百メートル以上もある。

複

中湖は深さが三百七十八メートル、此の湖中での一番深い處である。我が國の湖沼中此の湖より深いものは秋田縣の田澤湖だけである。

沼

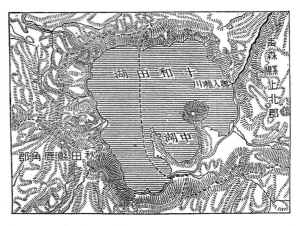

湖の水は東岸から奥入瀬（おいらせ）川となつて流れ出るのであるが、一年を通じて水位の變化は極めて少い。即ち水位の一番高い五月と一番低い一月との差は、僅かに三十八センチメートルに過ぎない。これは主として周圍が山で、流れ込む川に大きいのがないのに原因してゐる。

三十年ばかり前までは、此の湖には魚類が全く居なかつた。これは奥入瀬川を十町餘り下つた處に大きな瀧があつて、魚類のさかのぼる道を絶つてゐるからである。今日鱒（ます）の産地として世に知られるやうになつたのは養魚經營の賜である。

第十二課　小さなねぢ

暗い箱の中にしまひ込まれてゐた小さな鐵のねぢが、不意にピンセットにはさまれて、明るい處へ出された。

ねぢは驚いてあたりを見廻したが、いろいろの物音、いろいろの物の形がごたごたと耳にはいり目にはいるばかりで、何が何やらさつぱりわからなかつた。

しかしだんだん落着いて見ると、此處は時計屋の店であることがわかつた。自分の置かれたのは、仕事臺の上に乗つてゐる小さなふたガラスの中で、そばには小さな心棒や歯(は)車やぜんまいなどが並んでゐる。きりやねぢ廻しやピンセットや小さな槌(つち)やさまざまの道具も、同じ臺の上に横たはつてゐる。周圍の壁やガラス戸棚には、いろいろな時計がたくさん並んでゐる。かちかちと氣ぜはしいのは置時計で、かつたりかつたりと大やうなのは柱時計である。

ねぢは、これ等の道具や時計をあれこれと見比べて、あれは何の役に立つのであらうこれはどんな處に置かれるのであらうなどと考へてゐる中に、ふと自分の身の上に考へ及んだ。

「自分は何といふ小さい情ない者であらう。あの

いろいろの道具、たくさんの時計、形も大き
さもそれぞれ違つてはゐるが、どれを見ても
自分よりは大きく、自分よりはえらさうであ
る。一かどの役目を勤めて世間の役に立つの
に、どれもこれも不足は無ささうである。唯
自分だけが此のやうに小さくて、何の役にも
立ちさうにない。あゝ、何といふ情ない身の
上であらう。」

不意にばたばたと音がして、小さな子どもが二
人奥からかけ出して來た。男の子と女の子であ
る。二人は其處らを見廻してゐたが、男の子は
やがて仕事臺の上の物をあれこれといぢり始め
た。女の子は唯じつと見まもつてゐたが、やが
てかの小さなねぢを見附けて、

「まあ、かはいゝねぢ。」

男の子は指先でそれをつままうとしたが、餘り
小さいのでつまめなかつた。二度、三度。やつ
とつまんだと思ふと直に落してしまつた。子ど
もは思はず顔を見合はせた。ねぢは仕事臺の脚
(あし)の陰にころがつた。

此の時大きなせきばらひが聞えて、父の時計師
がはいつて來た。時計師は

「此處で遊んではいけない。」

といひながら仕事臺の上を見て、出して置いた

陰

ねぢの無いのに氣が附いた。

「ねぢが無い。誰だ、仕事臺の上をかき廻した
　のは。あゝいふねぢはもう無くなつて、あれ
　一つしか無いのだ。あれが無いと町長さんの
　懷(くわい)中時計が直せない。探せ、探せ。」

ねぢは之を聞いて、飛上るやうにうれしかつ
た。それでは自分のやうな小さな者でも役に立
つことがあるのかしらと、夢中になつて喜んだ
が、此のやうな處にころげ落ちてしまつて、若
し見附からなかつたらと、それが又心配になつ
て來た。

親子は總掛りで探し始めた。ねぢは「此處に居
ます。」と叫びたくてたまらないが、口がきけ
ない。三人はさんざん探し廻つて見附からない
のでがつかりした。ねぢもがつかりした。

其の時、今まで雲の中に居た太陽が顔を出した
ので、日光が店一ぱいにさし込んで來た。する
とねぢが其の光線を受けてぴかりと光つた。仕
事臺のそばに、ふさぎこんで下を見つめてゐた
女の子がそれを見附けて、思はず「あら。」と
叫んだ。

父も喜んだ、子どもも喜んだ。しかも一番喜ん
だのはねぢであつた。

探

時計師は早速ピンセットでねぢをはさみ上げて、大事さうにもとのふたガラスの中へ入れた。さうして一つの懷中時計を出してそれをいぢつてゐたが、やがてピンセットでねぢをはさんで機械の穴にさし込み、小さなねぢ廻しでしつかりとしめた。

龍頭(りゆうづ)を廻すと、今まで死んだやうになつてゐた懷中時計が、忽ち愉(ゆ)快さうにかちかちと音を立て始めた。ねぢは、自分が此處に位置を占めたために、此の時計全體が再び活動することが出來たのだと思ふと、うれしくてうれしくてたまらなかつた。時計師は仕上げた時計をちよつと耳に當ててから、ガラス戸棚の中につり下げた。

一日おいて町長さんが來た。

「時計は直りましたか。」

「直りました。ねぢが一本いたんでゐましたから、取りかへて置きました。工合の惡いのは其の爲でした。」

といつて渡した。ねぢは、

「自分もほんたうに役に立つてゐるのだ。」

と心から滿足した。

第十三課　國旗

今日一國家を形成する國々にして、國旗の制定
せられざる所なし。國旗は實に國家を代表する
標（へう）識にして、其の徽（き）章・色彩（さい）に
はそれぞれ深き意義あり。今我が國を始め主なる
諸外國の國旗に就いて述べん。

雪白の地に紅の日の丸をゑがける我が國の國旗
は、最もよく我が國號にかなひ、皇威の發揚、
國運の隆（りゆう）昌さながら旭日昇天の勢あるを
思はしむ。更に思へば、白地は我が國民の純正
潔白なる性質を示し、日の丸は熱烈燃ゆるが如
き愛國の至誠を表すものともいふべきか。

イギリスの國旗は、今日の形式を具ふるまでに
幾多の變化を重ねたるものなり。元來イぎリス
は、イングランド・スコットランド・アイルラ
ンド三國の合同して成れる國家にして、先づイ
ングランドとスコットランドと合するや、白地
に赤十字の徽章ある前者の國旗と、藍地に斜白
十字の徽章ある後者の國旗とを合して一旗とな
し、更にアイルランドの加はるに及び、白地に
斜赤十字の徽章ある其の國旗を合はせて、遂に今
日の如き形式をなすに至れり。

アメリカ合衆國の國旗は一定不變の部分と、變

章

雪
旭昇
潔示

赤
藍

化を許されたる部分とより成る。即ち赤・白合はせて十三條の横筋は、獨立當時の十三州を表すものにして、永久に變化することあらざれども、藍地中の星章は、常に州の數と一致せしむるを定めとす。現今は星章の數四十八個なり。

藍・白・赤三色を以て縱に染分けられたるは、フランスの國旗なり。此の三色は、自由・平等・博愛を表すものと稱せらる。

フランスの國旗が縱に三色を分ちたるに對して、黑・赤・金の三色を横に染分けたるものはドイツの國旗なり。

國旗の色彩が其の國の人種を表すものに、支那の國旗あり。即ち赤・黄・藍・白・黑の五色を横に並べたるものにて、赤は漢人、黄は滿洲人、藍は蒙古(もうこ)人、白は回彊(くわいきやう)人、黑は西藏(ちべつと)人を代表するなり。

イタリヤの國旗は、綠・白・赤の三色を縱に染分け、中央の白地中に王家の紋章を表せり。これイタリヤ中興の主エンマヌエル王、國土統一の時、其の家の紋章の色なる白と赤とに、統一の成功を祈る希望の色として綠を加へ、更に王家の紋章を配したるものなり。

かくの如く各國の國旗は、或は其の建國の歴史を暗示し、或は其の國民の理想・信仰を表すも

獨
星　現　縱　平

示
仰

のなれば、國民の之に對する尊敬は、即ち其の國家に對する忠愛の情の發露なり。故に我等は、自國の國旗を尊重すると同時に、諸外國の國旗に對しても、常に敬意を表せざるべからず。

第十四課　リヤ王物語

烈
性
短
易

后

與(与)
許

リヤ王はもう八十の坂を越えた。生れつき烈しい氣性の上に、年とともに老の氣短さが加はつて、ちよつとした事にも怒り易くなつてゐた。それに近來はめつきり元氣が衰へて、もう政務にもたへられなくなつて來た。

王にはゴネリル・リガン・コーデリヤといふ三人の娘があつた。姉二人は既にさる貴族に嫁(か)し、妹はかねてフランス王の后になることにきまつてゐた。

王は其の治めてゐるイギリスを三分して娘たちに與へ、自分は百人の家來を連れて月代りに三人の娘の許に身を寄せ、餘生を安樂に送らうと決心した。

さて領地をゆづる日に、王は娘たちを面前に呼んで、

「今日はお前たちに一つ聞いてみたい事がある。
　お前たちのうちで誰が一番此の父を大事に思つてくれるか、わしはそれが知りたいのだ。
　先づ姉のゴネリルから言つてみよ。」

と尋ねた。

ゴネリルの答は如何にも言葉巧みであつた。

「私はもう何よりも、どんな寶よりも──ほんた

うに自分の命よりも父上を大事と存じます。
昔からあつた孝子のどの人よりも厚い眞心を
もつて、父上にお仕へ致しませう。」

長女の言葉に満足した王は、地圖を指さしなが
ら領地の三分の一を與へた。次にリガンは

「私も姉上と同じ心で、──ほんたうに姉上は
私の思つてゐる通りをおつしやいました。唯
少しおつしやり足りませぬばかりで、──私
はありとあらゆる身の樂しみを退けても、ひ
たすら父上を大事に致すのを此の上もない仕
合はせと存じてをります。」

王はリガンにも三分の一を與へた。

コーデリヤは王が一番かはいがつてゐる娘であ
つた。王は満面に笑みをたゝへながら、今や遲
しと其の答を待受けてゐる。コーデリヤは唯う
つむいて、

「父上、私はどう申し上げてよいかわかりませ
ん。」

王は自分の耳を疑ふかのやうに目を見張つた。

「なに、どう申し上げてよいかわからぬ。それ
では返事にならぬではないか。」

「私は胸にある事が十分に言へないのでござい

ます。——唯私は子としての務を盡くしたいと思ふばかりでございます。」

娘の言葉を物足りなく思つた王は、やゝせきこんで、

「どうしたのだ、コーデリヤ。何とか言方がありさうなものだ。」

「父上、私は唯ほんたうの事を申し上げてゐるのでございます。」

娘の答に失望した王は、例の烈しい氣性から、苦り切つて、

苦
永

「お前にはもう何もやらぬぞ。永の勘(かん)當だ。」

と言渡した。さうして殘りの領地を二分して、姉二人にやつてしまつた。

家來の中にはしきりに王をなだめた者もあつたが、王の怒はいよいよつのつて、もうどうすることも出來ない。コーデリヤはすごすごと父の許を去らなければならなかつた。

リヤ王はフランス王を其の場に呼んで、コーデリヤを勘當したことを告げた。しかしフランス王は一部始終をよくよくきゝたゞして、コーデリヤの簡單な答の中にも十分眞心のこもつてゐるのを認め、本國にともなひ歸つて約束の如く自分の后とした。

認

裂 準整 鳴 狂 待請	リヤ王は百人の家來を連れて先づ姉娘ゴネリルの許に身を寄せた。ゴネリルは決して氣だてのやさしい女ではなかつた。二週間もたゝぬ中にもう王に無愛想な仕向をした。其の上王に百人の家來を五十人に減ずるやうにといつた。 王は胸も張裂けんばかりに怒り、早速馬にむちうつて次女リガンの許に走つた。ところがリガンは、まだ父上を迎へる準備が整つてゐないといふのを口實にして、すげなくも王を内に入れなかつた。 全領地を二分して與へてやつた二人の娘が、揃ひも揃つてこれ程の不孝子であらうとは。王は男泣きに泣いた。 怒と失望と後悔とに身も魂もくだけ果てた王は、我にもあらず荒野の末にさまよひ出た。其の夜は風雨にともなつて雷鳴・電光ものすさまじい夜であつた。王は二三の忠臣にかしづかれて、とある小屋に一夜を明かしたが、何時の間にかもう發狂してゐた。 父の身の上を案じながらフランスに行つたコーデリヤは、やがていたましい報知を得た。それは父が姉たちの爲に虐（ぎやく）待されてゐるといふことであつた。そこでコーデリヤは夫に請うて共々に家來を連れてイギリスに渡つた。

侍

家來は荒野にさまよつてゐたリヤ王を見附けて、コーデリヤの許に連れて來た。フランス王の侍醫はとりあへず老王に藥を與へて靜かに眠らせた。

コーデリヤは眠つてゐる父の衰へ果てた姿をつくづくと見て、

「たとひ我が親でないにしても、此の白い髮や髭(ひげ)を御覽になつたら、姉上もお氣の毒とお思ひになりさうなものだのに、——まあ、此のお體であのひどい嵐の中を——。」

といひながら、よゝと泣きくづれた。

やがて眠から覺めた王は、幾分氣も靜まつたのか、

「此處は何處だらう。一體わしは今までどうしてゐたのだらう。」

といつてあたりを見廻し、そばに居るコーデリヤを見て、

「これはどなたであらうな。笑つて下さるな、
　どうも娘のコーデリヤのやうに思はれてなら
　ぬが。」

コーデリヤは父の手を取つて泣きながら、

「其のコーデリヤでございます。」

「涙をこぼしてくれるのか。お前はわたしをう
　らんでゐるはずだが。」

「何でうらむわけがございませう。何でうらむ
　わけがございませう。」

王は尚あらぬ言葉を口走つてはゐたが、其の言
葉の端端にも、前非を悔い、自分を責めて娘に
わびる眞心がこもつてゐた。コーデリヤはそれ
を聞いて腸をちぎられるやうな思がした。

其の後老王はコーデリヤの孝養によつて餘生を
安樂に送つたといふ。

責腸

第十五課　まぐろ網

網

まぐろを取る方法はいろいろあるが、だいぼう網で取るほど勇壯なものはあるまい。

だいぼう網は身網と垣網と二つの部分から成つてゐて、非常に大きなものである。これを海中に張つた形はちやうど大きなひしやくに似てゐる。即ち水のはいる處に當る部分が身網で、柄(え)に當る部分が垣網である。先づ岸近くまぐろの寄つて來る場所を選んで、海岸から沖の方へ二三百間も長く垣網を張り、其の先へ身網を

張る。湖に流されないやうに、身網にも垣網にも土俵や石などが重りに附けてある。身網の外側や陸上の高い處に魚見やぐらが設けてあつて、漁夫が絶えずまぐろの來るのを見張つてゐる。

群をなして寄せて来たまぐろは、先づ垣網に驚き、之に沿うて沖へ逃げようとして身網の中へはいる。其の時魚見やぐらの上で旗を揚げて、まぐろの群が網にはいつたといふ合圖をすると、網口の近くに番をしてゐる漁夫が急いで網口をしめてしまふ。これでもう魚は逃出すことが出來ない。そこで數そうの船に分乗した漁夫が、えんやえんやと掛聲を掛けながら身網を一方からたぐつて行く。かうしてだんだん網の中が狭められるに隨つて、まぐろは水面に過巻を起したり、背びれを水上に現したりして泳ぎ廻つてゐる。

網の中がいよいよ狭くなると、其の周圍を船で取巻いてしまふ。漁夫はめいめい手に一ちやうづつの鈎（かぎ）を待ち、狂ひ廻るまぐろを引つかけ、はねるはずみを利用して船中に引上げる。三四十貫、時には百貫以上もある大まぐろがどたりどたりと船中へ投込まれる光景は、實に壯快の極みである。

船がまぐろで一ぱいになると、大れふ旗を風になびかせながら、えつさえつさと陸の方へ漕歸つて來る。漁夫の顔は得意の色に輝いて、まるで凱旋（がいせん）の將士のやうに見える。

揚

狂

貫

第十六課　鳴門

誇

一

阿波(あは)と淡路(あはぢ)のはざまの海は、

此處ぞ名に負ふ鳴門(なると)の潮路。

八重の高潮からどき揚げて、

海の誇のあるところ。

二

山もとゞろに引潮たぎり、

たぎる引潮あら渦を巻き、

巻いて流れて流れて巻いて、

空にとびたつ、潮けむり。

三

裸島（はだかじま）より渦潮見れば、
胸も波だち眼もくらむ。
船頭勇まし、此の潮筋を
落し漕ぎゆく、木の葉舟。

第十七課　間宮林藏

樺太(からふと)は大陸の地續なりや、又は離れ島なりや、世界の人は久しく之を疑問としたりき。然るに其の實際を調査して此の疑問を解決したる人、遂に我が日本人の中より現れぬ。間宮林藏これなり。

今より百二十年ばかり前、即ち文化五年の四月に、林藏は幕府の命によつて、松田傳十郎と共に樺太の海岸を探檢せり。樺太が離れ島にして大陸の地續にあらざることは、此の探檢によりて略略知ることを得たれども、更によく之を確めんがために、同年七月林藏は單身にてまた樺太におもむけり。

先づ樺太の南端なる白主(しらぬし)といふ處に渡り、此處にて土人を雇ひて從者となし、小舟に乗じていよいよ探檢の途に上りぬ。それより一年ばかりの間、風波をしのぎ、飢(き)寒と戰ひ、非常なる困難ををかして樺太の北端に近きナニヲーといふ處にたどり着きたり。これより北は波荒くして舟を進むべくもあらず、山を越えて東海岸に出でんとすれば、從者の土人等ゆくての危険を恐れて從ふことをがへんぜず。止むなく南方のノテトといふ處に引返し、酋(しう)長コーニの宅に留りてしばらく時機の至るを待ちぬ。

疑
査

確

雇
舟

宅

綱をすき、舟を漕ぎ、漁業の手傳などして土人に親しみ、さてさまざまの物語を聞くに、對岸の大陸に渡りて其の地の模様を探るは、かへつて目的を達するに便なることを知りぬ。たまたまコーニが交易のために大陸に渡らんとするに際し、林藏は好機至れりとひそかに喜びて、切に己をともなはんことを求む。コーニは「容貌（ばう）の異なる汝が彼の地に行かば、必ずや人に怪しまれ、なぶりものにせられて、或は命も危かるべし。」とて、しきりに止むれども林藏きかず、遂に同行することに決せり。

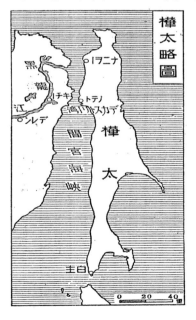

出發の日近づくや、林藏はこれまでの記録一切を取りまとめ、之を從者に渡していふやう、「我若し彼の地にて死したりと聞かば、汝必ず之を白主に持歸りて日本の役所に差出すべし。」と。

探

己異怪

文化六年六月の末、コーニ・林藏等の一行八人は、小舟に乗じて今の間宮海峡(けふ)を横ぎり、デカストリー灣の北に上陸したり。それより山を越え、河を下り、湖を渡りて黑龍(こくりゆう)江の河岸なるキチーに出づ。其の間、山にさしかゝれば舟を引きて之を越え、河・湖に出づればまた舟を浮べて進む。夜は野宿すること少からず。木の枝を伐りて地上に立て、上を木の皮にておほひ、八人一所にうづくまりて僅かに雨露をしのぐ。

キチーにて土人の家に宿る。土人等林藏を珍しがりて之を他の家に連行き、大勢にて取圍みながら、或は抱き或は懷を探り、或は手足をもてあそびなどす。やがて酒食を出したれども、林藏は其の心をはかりかねて顧みず。土人等怒りて林藏の頭を打ち、強ひて酒を飲ましめんとす。折よく同行の樺太人來りて土人等を叱し、林藏を救ひ出しぬ。

翌日此の地を去り、河をさかのぼること五日、遂に目的地なるデレンに着せり。デレンは各地の人々來り集りて交易をなす處なり。林藏の怪しみもてあそばるゝこと、此處にては更に甚だしかりしが、かゝる中にありても、彼は土地の事情を研究することを怠らざりき。

抱懷　顧

叱

コーニ等の交易は七日にして終りぬ。歸途一行は黒龍江を下りて河口に達し、海を航してノテトに歸れり。此處にて林藏はコーニ等に別れを告げ、同年九月の半ば、白主に歸着しぬ。

林藏が二回の探檢によりて、樺太は大陸の一部にあらざること明白となりしのみならず、此の地方の事情も始めて我が國に知らるゝに至れり。

第十八課　法律

法律は、國家といふ共同生活を、秩序(ちつじよ)ありかつ幸福なものにするための規則であるから、いやしくも國民たる者は必ず之を守らなければならぬ。

法律を制定するには、政府又は貴衆兩院の何れかが其の案を作成して議會に提出する。政府から提出された案は先づ議會の一院で討議される。討議の形式は、普通第一讀會・第二讀會・第三讀會の三度の會議を經ることになつてゐる。即ち第一讀會で其の案を大體に調査し、第二讀會で逐(ちく)條に審(しん)議し、第三讀會で法律案全體の可否を議決する。かうして其の院で可決すれば、其の案を他院に移す。此處でも同樣の形式で討議し、兩院の意見が一致すれば、最後に議決した議院の議長から國務大臣を經て奏上する。又貴衆兩院の何れかから提出された案は、他の一院のみで討議し、可決すれば同じ手續によつて奏上する。そこで天皇が之を裁可せられ、公布せしめられると、始めて法律が出來上るのである。

法律の外に勅令・閣令・省令・府縣令等の命令がある。これ等の命令も國の規則であつて、廣い意味でいふ場合にはやはり法律であるから、

其の制定も出来る限り愼(しん)重な手續を經る。
唯法律は必ず帝國議會の協贊を經なければなら
ぬが、命令には其の事がない。

一國文化の程度は、其の國民が國法を守る精神
の厚薄に依つて測ることが出来るといはれてゐ
る。我々は常に國法にしたがつて幸福な生活を
營み、あはせて國の品位を高めることにつとめ
なければならぬ。

薄
依
測

第十九課　釋迦

釋迦(しやか)は今から凡そ二千五百年前、北インドのヒマラヤ山のふもとカピラバスト王國の太子として生れた。

釋迦は生れつき同情の念に厚く、何事も深く考へ込むたちであつた。或時、父王と共に城外に出て、農夫の働く様を見廻つたことがある。ぼろを着た農夫は玉のやうな汗をかいて田をすき起し、牛はつかれ果ててあへぎあへぎ働いてゐる。折から飛下りて來た鳥が鍬に傷つけられた蟲をついばんだ。木陰からじつと見てゐた彼は、しみじみと自分の身の上に思ひ比べて、農夫や牛の勞苦を思ひやると共に、蟲の運命をあはれんだ。

彼はだんだん物思に沈むやうになつた。それを見てひどく氣をもんだ父王は、彼に妃(ひ)を迎へ、目もまばゆい宮殿に住まはせて、國政にも與らせようとした。しかし彼は城外に出る毎に、杖にすがるあはれな老人や、息もたえだえの病人、さては野邊に送られる死者をまのあたり見て、益益世のはかなさを感じた。

「人は何の爲に此の世に生れて來たのか。我々の行末はどうなるだらうか。」

與

賢	こんな事を次から次へと考へては、遂に心の苦しみにたへられなくなつて、 「此の上は聖賢を訪うて教を受ける外はない。」 と思ひ立つに至つた。 父のいさめも妻のなげきも、此の決心をひるがへすことは出来なかつた。かくて彼は二十九歳の或夜、人知れず宮殿を出て修行の途に上つた。 師を求めてあちらこちらさまよつてゐるうちに、マガダ國の首府王舍城の附近に來た。かねて釋迦の德をしたつてゐたマガダ國王は、修行を思ひ止らせようとして、自分の國をゆづらうとまで申し出たが、彼の決心はどうしても動かなかつた。彼は更に其の邊の名高い學者を尋ね廻つて説を聽いたが、どれにも滿足することが出来ない。彼は遂に
	「もう人にはたよるまい。自分一人で修行をしよう。」 と決心して、或靜かな森へ行つた。さうして此處で父王の心盡くしから送られた五人の友と、
試	六年の間種々の苦行を試みた。 次第にやせ衰へて、物にすがらなければ立てない

程になつた時、彼はいくら苦行をしても更に効のないことを知つた。そこで彼は先づ近處の河に浴し、たまたま其處にゐた少女のさゝげた牛乳を飲んで元氣を回復した。ところが此の新な態(たい)度に驚いた五人の友は、釋迦が全く修行を止めてしまつたものと思ひ、彼を捨てて立去つた。

それから釋迦はブッダガヤの緑色濃き木陰に静坐しておもむろに思をこらした。今度は程よく食物も取り、休息もした。さうして日夜次々に起つて來る心の迷をしりぞけて唯一筋に悟の道を求めた。

或時のことである。彼は夜もすがら静坐してひたすら思をこらしてゐると、やがて一點の明星がきらめいて、夜はほのぼのと明けそめた。其の刹(せつ)那、彼は迷の雲がからりと晴れて、はつきりとまことの道を悟り得た。彼は此の心境の尊さに數日の間唯うつとりとしてゐたが、やがて此の尊い心境を世界の人々と共にせずにはゐられぬといふ慈悲の心が、胸中にみなぎりあふれた。

釋迦は世を救ふ手始として先づかの五人の友をたづねた。かつて釋迦を見捨てた彼等も、其の慈悲圓滿の姿を見ては、思はず其の前にひざまづ

かざるを得なかつた。彼等は釋迦の教を聽いて即座に弟子となつた。

即

續いて釋迦はマガダ國王をたづねてねんごろに道を説聞かせ、更にカピラバストに歸つて、父王・妻子を始め國民を教化して故郷の恩に報いた。

妻

今や釋迦は衆星の中の満月の如く國中から仰がれる身となつたが、中には彼をそねむあまり、反抗するばかりでなく、迫害を加へようとするものさへも出て來た。殊にデーバダッタは、いとこの身でありながら、かねてから釋迦の名望をねたみ、幾度か彼を害しようとした。或時の如きは、釋迦が山の下にゐるのを見附けて、上

抗
迫

の方から大石をころがしたが、石は釋迦の足を傷つけただけで、目的を果すことは出來なかつた。

釋迦は八十歳の高年に及んでも、なほつゞれをまとひ飢(うゑ)と戰ひつゝ、各地を巡つて道を傳へてゐたが、遂に病を得てクシナガラ附近の林中に留つた。危篤(とく)の報が傳はると、これまで教を受けた人々が四方から集つて別れを惜しんだ。いよいよ臨終が近づいた時、釋迦は泣悲しんでゐる人たちに、

「私は行はうと思つたことを行ひ盡くし、語らうと思つたことを語り盡くした。これまで説いた教そのものが私の命である。私のなくなつた後も、めいめいが其の教をまじめに行ふ所に私は永遠に生きてゐる。」

と諭して靜かに眼を閉ぢた。

巡

諭

第二十課 奈良

七代七十餘年の帝都として、咲く花のにほふが如しと誇りし奈良(なら)の都も、色移り香失せて年既に久しく、今は唯畿内(きない)の一都市として僅かに古の名殘を留むるのみ。然れども春日(かすが)の社頭、朱(あけ)の廻廊(らう)山の緑にはえて、森嚴自ら人の襟(えり)を正さしめ、東大寺の金堂は天空高くそびえて、五丈三尺の大佛一千二百年の面影を殘せり。興福寺は伽藍(がらん)半ば廢れたれど、尚三重五重の塔、猿澤(さるさは)の池水に影をうつして南都第一の美觀たり。社寺の壯麗はしばらくおき、何の山、何の川、一木一草に至るまでも歴史あり古歌あり、人をして低回去る能はざらしむ。

失

廻　嚴　自

廢

低
能

春は若草山の芝(しば)緑にもえたち、三月堂・二

霞

鹿（康）

哀
缺

月堂霞につゝまれてさながら夢の如く、秋は春日の社神さび、手向（たむけ）山の紅葉夕日にはゆる樣殊に身所あり。人なつかしげに寄り來る鹿の、春はわけてもやさしく、秋より冬にかけて哀音しきりに人の眼をさますも、奈良には缺くべからざる風情（ふぜい）なるべし。

岡

井
裏

佐保・佐紀の連岡に北を限り、春日・高圓（たかまど）の山々を東に、矢田山・生駒（いこま）山を西にひかへて、東西四十町、南北四十五町、九條の條坊（ばう）井然として、北に大内裏の宮殿を仰ぎ、朱雀（すざく）の大路南に走りて、南端に羅（ら）城門をふまへたる古の奈良の都は、そもそも如何に美しく、如何に盛なりしぞ。今若草山に登りて古京の跡を展望すれば、眼下に横たはる奈良市街の西、遠く連なる田園の間に東西に走る三筋の路は、北より數へて古の一條・二條・

三條の大路の名殘とす。大極殿の跡はるかに指點すべく、南の方郡山の町の東に羅城門の跡今も殘れりといふ。そのかみ金殿玉樓（ろう）相望みてうちつゞく都大路を、大宮人の櫻かざし紅葉かざして往來しけん、今にして思へば唯一場の夢に過ぎず。

更に首を回らして南を望めば、大和（やまと）平野の盡くる處はるかに畝傍（うねび）山・耳成山・天の香久（かぐ）山の三山まゆの如く、其の南に一きは高く多武（たふ）峯・吉野山の山々連なるを見る。げにや「めぐらせる青垣山に、こもれる大和うるはし。」と歌ひしにそむかず。愛すべく美しき山野は、更に太古以來の歷史と結び文學と結びて、感いよいよ深きを覺ゆ。

第二十一課　青の洞【どう】門

<table>
<tr><td>頭</td><td>豐前(ぶぜん)の中津(なかつ)から南へ三里、激流岩をかむ山國川を右に見て、川沿の道をたどつて行くと、左手の山は次第に頭上にせまり、遂には路の前面に突立つて人のゆくてをさへぎつてしまふ。これからが世に恐しい青のくさり戸である。それは山國川に沿うて連なる屏風(びやうぶ)のやうな絶壁をたよりに、見るから危げな數町のかけはしを造つたものであるが、昔から之を渡らうとして水中に落ち、命を失つた者が幾百人あつたか知れない。</td></tr>
<tr><td>衣</td><td>享保(きやうほう)の頃の事であつた。此の青のくさり戸にさしかゝる手前、路をさへぎつて立つ岩山に、毎日々々根氣よくのみを振るつて、餘念なく穴を掘つてゐる僧があつた。身には色目も見えぬ破れ衣をまとひ、日にやけ仕事にやつれて年の頃もよくわからぬくらゐであるが、きつと結んだ口もとには意志の強さが現れてゐる。</td></tr>
<tr><td></td><td>僧は名を禪海(ぜんかい)といつてもと越後の人、諸國の靈(れい)場を拜み巡つた末、たまたま此の難處を通つて幾多のあはれな物語を耳にし、どうにか仕方はないものかと深く心をなやました。さていろいろと思案したあげく、遂に心を</td></tr>
</table>

決して、たとへ何十年かゝらばかゝれ、我が命のある限り、一身をさゝげて此の岩山を掘抜き、萬人の爲に安全な路を造つてやらうと、神佛に堅くちかつて此の仕事に着手したのであつた。

之を見た村人たちは、彼を氣違扱ひにして相手にもせず、唯物笑の種にしてゐた。子どもらは仕事をしてゐる老僧のまはりに集つて、「氣違よ氣違よ。」とはやし立て、中には古わらぢや小石を投げつける者さへあつた。しかし僧はふりかへりもせず、唯黙(もく)々としてのみを振るつてゐた。

其のうちに唯言ふとなく、あれは山師坊主(ばうず)で、あのやうなまねをして、人をろうらくするのであらうといふうはさが立つた。さうして陰に陽に仕事のじやまをする者も少くなかつた。しかし僧は唯黙々としてのみを振るつてゐた。

かくて又幾年かたつうちに、穴はだんだん奥行を加へて、既に何十間といふ深さに達した。

此の洞(ほら)穴と、十年一日の如く黙々としてのみの手を休めない僧の根氣とを見た村の人々は、今更のやうに驚いた。出來る氣づかひはないと見くびつてゐた岩山の掘抜も、これではど

うにか出來さうである。一念こつた不斷の努力は恐しいものであると思ひつくと、此の見る影もない老僧の姿が、急に尊いものに見え出した。そこで人々はいつそ我々も出來るだけ此の仕事を助けて、一日も早く洞門を開通し、老僧の命のあるうちに其の志を遂げさせると共に、我々もあのくさり戸を渡る難儀(ぎ)をのがれようではないかと相談して、其の方法をも取りきめた。

其の後は老僧と共に洞穴の中でのみを振るふ者もあり、費用を喜捨する者もあつて、仕事は大いにはかどつて來た。しかし人は物にうみ易い。かうして又幾年か過すうちに、村の人々は此の仕事にあきて來た。手傳をする者が一人へり二人へりして、はては又村人全體が此の老僧から離れるやうになつた。

けれども老僧は更にとんぢやくしない。彼の初一念は年と共に益益固く、時には夜半までも薄暗い燈を便りに、經文をとなへながら一心にのみを振るふことさへあつた。

老僧の終始一貫した根氣は、遂に村の人々を恥ぢさせたものか、仕事を助ける者がまたぼつぼつと出來て來た。かうして、老僧が始めてのみを此の絶壁に下してからちやうど三十年目に、彼が一生をさゝげた大工事がみごとに出來上つた。洞門の長さは實に百餘間に及び、川に面した方には處々にあかり取りの窓さへうがつてある。

今では此の洞門を掘りひろげ、處々に手を加へて舊態(たい)を改めてはゐるが、一部は尚昔の面目を留めて、禪海一生の苦心を永久に物語つてゐる。

第二十二課　トマス、エヂソン

験

照

稀

電燈の發明せられたるは、今より凡そ百十餘年前のことなり。當時は單に理化學の實驗用として使用せらるるに過ぎざりしが、次第に改良せられて、四五十年の後には燈臺などにする附けらるゝに至りぬ。然れどもこは今日のアーク燈に類するものにして、公園・街路等の照明用としては適當なれども、室內に用ふるには、大仕掛にして光力強きに過ぎ、實用に適せず。これ等の缺點なき電燈の出現は當時の人の最も希望する所なりき。

かねて此の希望をみたさんと思ひゐたるトマス、エヂソンは、既に電話機に關する發明に成功したるを以て、更に進んで新しき電燈の發明

に從事したり。彼が稀代の天才はこゝにも遺憾(かん)なく發揮せられて、着々成功の域に進みしが、唯心(しん)に至りては彼の最も苦心したる所なりき。初め彼は紙に炭素を塗りて

試みしが、思はしき結果を得ず。次いで白金其の他の金屬の針金を以て様々の實驗を重ねしが、これまた失敗に終りぬ。こゝにおいて再び炭素線の研究に沒頭したれども、徒に多くの時日と金錢とを費したるに過ぎざりき。

或日のことなりき。エヂソンは例の如く實驗室に閉ぢこもりて研究に餘念なかりしが、ふと見れば机上に形珍しき一本の團扇あり。何心なく手に取りて眺めゐたりし彼の眼は異様に輝きぬ。彼の眺め入りしは繪にあらず紙にあらず、實に團扇に用ひられたる竹なりしなり。

彼は直に竹を以て炭素線を作りて實驗せしに、豫想以上の好結果を得たり。こゝにおいて彼は人を世界の各地につかはして竹を採集せしめ、其のもたらせるものに就いて綿密に研究せしが、日本の竹最も適當なりしかば、專ら之によりて心を製出せり。しかして其の電球は忽ち世界に廣まりぬ。

エヂソンの發明せるは電話・電燈・電信・電車・活動寫眞・蓄(ちく)音機に關するものなど極めて多く、アメリカにて特許を得たるもののみにても其の數實に千餘に及ぶ。今日文明の利器と稱せらるゝものにして、直接間接に彼の天才によらざるもの殆どなしといひて可なり。

第二十三課　電氣の世の中

二十五日午後一時から、學校の講堂で村﨑工學博士の「電氣の世の中」と題する講演があつた。博士は先づ

「現今における電氣の利用は實にめざましいものです。電車は次第に汽車の領分までも侵(しん)略し、尚進んで電氣機關車さへも用ひられるやうになりました。諸機械の原動力であつた人力又は蒸氣力もだんだん電氣に變つて、工業界の一大革新をうながしてゐます。殊に近年は水力電氣の驚くべき發達にともなひ、電力は頗る廉(れん)價に供給されるので、石炭の火力による蒸氣力は、多くの場合之に敵することが出來なくなりました。そればかりではなく、石炭は早晩使ひ盡くされてしまふが、水力は無限といつてよい。」

といつて、急流や瀑布に富んでゐる我が國では、將來益益水力電氣の利用をはからなければならぬことを力説した。

次に博士は電氣の光に就いて述べた。

「エヂソンが炭素線の電燈を發明したのは四十年ばかり前のことであつたが、今では更に進んで光の色が太陽に似て、しかも比較(かく)的熱をともなふことの少い電燈さへも發明されま

蒸
革

早

した。一體最も理想的な燈火は太陽の光のやうに明るくて、しかもほたるの光のやうに熱をともなはないものであります。」

といひ、活動寫眞のフィルムがアーク燈の熱の爲に發火して、多くの死傷者を出した話などを附加へた。

「電信や電話の發明は其の當時實に全世界を驚かしたものでありますが、其の後無線電信が發明されて、陸上でも海上でも、自由に消息を交換することが出來るやうになりました。又最近放送無線電話、即ち俗にいふラヂオが發明されて、諸君も御存じの通り、既に我が國においても盛に行はれてゐます。」

かくて博士は世界における放送無線電話の現狀に就いて語り、更に話頭を轉じて、電氣こんろ・電氣アイロン・電氣ストーブ・扇風機など、家庭における電氣の利用に就いて述べた。さうして最後にやゝ聲を大きくして、

「諸君、電氣は今やかくの如くあらゆる方面に利用されてゐます。けれども其の利用は決してこれで盡きたのではありません。將來諸君の研究に待つ所が非常に多いのであります。」

かう言つて壇(だん)を下つた。

第二十四課　舊師に呈す

呈
伺
引

忙
訓

拜啓。誠に御無沙汰に打過ぎ、申しわけもこれなく候。當地に參りて以來、一度手紙を以て御樣子御伺ひ申上げたしとは存じながら、なれぬこととて仕事に追はれ、一日々々と延引致し、今日に相成り申候。失禮の段御許し下されたく候。

本日突然上田君に出會ひ、久しぶりにて郷里の樣子をいろいろ承り申候處、先生には何時も御壯健の由、何よりのことに御座候。私のこと御心にかけ下され、常に「小山はどうしてゐるだらうか。」と仰せらるゝ由、いよいよ御なつかしく存じ奉り候。主人の使などにまゐる途中、小學校の前を通りては、郷里の學校のおもしろかりしことなど思ひ出し申候。

私の勤め居り候家は呉服店にて、なかなか忙しく御座候。參りし當座は何事もわからず、唯氣をもむのみにて、我ながら情なく存じ候ひしが、何事も忍耐が第一とのかねての御教訓に從ひ、一心に働き候ため、追々店の樣子もわかり、お客樣の扱方にもなれて、仕事に興味を覺ゆるやう相成り申候。毎晩賣上高の勘(かん)定

定

を致す時など、仲間のうちにて計算は私が一番達者なりとて、何時もほめられ申候。これも全く先生方のおかげと深く感謝致居り候。此の上はいよいよ仕事に励み、一日も早く一人前の商人となりて、親に安心致させたしと存じ居り候。先づは御無沙汰の御わびかたがた近況御知らせ申上候。敬具。

　　二月二十日　　　　　　　小山文太郎

　　　大井先生

第二十五課　港入

一

夢にのみ見し山川も、
あけくれにしたひし家も、
まのあたり近く迫りぬ。
かもめ飛ぶ海をすべりて、
船は今靜かに歸る、
懷かしき故郷の港。

二

はやて吹くやみにたゞよひ、
寄るべなき海にさすらひ、
思出の深き船路や、
つゝがなく今日しも果てて、
船は今靜かに歸る、
懷かしき故郷の港。

三

うるはしき眞玉・白玉、
にほひよき木の實、草の實、
うづたかき積荷の中に
海山の實を載せて、
船は今靜かに歸る、
懷かしき故郷の港。

迫

懷

載

第二十六課　勝安芳と西郷隆盛

悟

渉委

策

謀

確

明治元年三月徳川慶喜(よしのぶ)征討の官軍は諸道より並び進んで、東海道先鋒(ぽう)は品川に、東山道先鋒は坂橋に着いた。月の十五日を期して總攻撃を行ひ、一擧に江戸を乗つ取る手はずである。徳川方も事こゝに至つては、あくまでも戰ふ覺悟をきめて、ものすごい緊(きん)張を示してゐる。しかし市中の混亂は蜂の巣を突いたやうなさわぎである。

慶喜から官軍に對する交渉の全權を委任せられてゐた舊幕府の陸軍總裁勝安芳(やすよし)は、かねてから百方畫策して時局の圓滿な解決を計つてゐた。しかし大勢は如何ともしがたく、危機は既に目前に迫つたので、安芳は三月十三日官軍の参謀西郷隆盛(たかもり)に會見を求めた。西郷は早速承知して、芝(しば)、高輪(たかなわ)の薩摩(さつま)屋敷で會見したが、其の日要領は遂に得がたく、兩人は翌日の再會を期して別れた。

翌十四日の會見は、芝、田町の薩摩屋敷で行はれた。安芳は今日こそ最後の確答を得ようと決心して、西郷をおとづれたのである。

屋敷の附近は、官軍の兵士がすき間もなく警衛してゐる。安芳がはいつて行かうとすると、門を守つてゐた兵士等が

「それ勝が來た、勝が來た。」

とひしめきながら、一せいに銃劔を取直して行くてをさへぎつた。安芳は大音に

「西郷はどこに居る。」

と叫んだ。其の勢に呑まれて兵士等は思はず道を開いた。

一室に通されて待つてゐると、やがて西郷が出て來た。次の間には官軍の荒武者共がひかへて、何となく物々しい。しかし二人は互に信じ合つてゐる仲なので、話はおだやかに運ばれる。安芳がいふ、

「官軍方の御意見はどのやうなものか存じませんが、拙(せつ)者の考へる所では、今日日本の周圍には諸外國が樣々の考を持つて見てをるので、うかうかと兄弟垣にせめいでゐたら、日本全國にのしをつけてどこぞの國へやつてしまふやうな事にならぬとは決して申されませ

ぬ。之に比べれば、幕臣の身としては如何がな申分ではあるが、徳川家の存亡などは言ふにも足らぬ小事でござります。」

相手は大きな眼でじつと安芳の顔を見つめながら、だまつて聴いてゐる。安芳は更に

「しかしたとへにも申す通り、一寸の蟲にも五分の魂。徳川侍のなまくら刀にも少しは切れる所がござりませう。官軍方の思召通り一押にはゆかぬかも知れませぬ。すると其のうちには又思の外な尻（しり）押なども現れて、事めんだうな筋合にならぬとも限りませぬ。拙者は、此の談判がよしどのやうに決着するにもせよ、さやうな事になれかしとは毛頭考へませぬが、大勢は人力の如何ともしやうのないもので――。」

西郷はだまつてうなづいた。安芳は尚言葉を續けて、

推　「此の邊の事情をよくよく御推察下されて、特
仁　　別の御仁慈を以ておだやかに事のまとまるや
評　　う今一應御評議下さることになりますれば、
延　　誠に日本國の幸でござります。又延いては徳
　　　川家及び江戸百萬の民の仕合はせ、これは申
　　　すまでもござりませぬ。何分今一應の御評議
　　　を推して御願ひ申す次第でござります。」

西郷はしばらくじつと考へてゐたが、

「よろしい。とにかく明日の總攻撃見合はせの一事だけは、拙者一命にかけて御引受け申します。其の餘の事は拙者の一存にはまゐりませぬから、追つての沙汰をお待ち下さい。」

やがて安芳は西郷に見送られて門を出た。

警衛の兵士等は、安芳の姿を見ると一時に押寄せて來たが、西郷が後に續いてゐるのを見て、一同恭しく捧げ銃(つゝ)の禮をした。安芳は自分の胸を指さして、

捧

「次第によつては、或は君等の銃先にかゝつて死ぬかも知れぬ。よく此の胸を見覺えておいてくれ。」

といひながら、西郷と顔を見合はせてにつこり笑つた。

西郷は軍令を出して翌日の進軍を中止させた。さうして直に靜岡の大總督府にはせつけて議をまとめ、更に京都に上つて勅裁を仰ぎ、とうとう德川方の願意をとほさせた。安芳が一命をかけた努力と、西郷の果斷によつて、江戸の市民も德川家もわざはひを免れて、維(ゐ)新の大事業

免

もとゞこほりなく成し遂げられるやうになつた。

第二十七課　我が國民性の長所短所

輝

冠

隨

據然

系

我が國が世界無比の國體を有し、三千年の光輝ある歷史を展開し來つて、今や世界五大國の一に數へられるやうになつたのは、主として我々國民にそれだけすぐれた素質があつたからである。君と親とに眞心を捧げ盡くして仕へる忠孝の美風が世界に冠たることは、今更いふまでもない。忠孝は實に我が國民性の根本をなすもので、之に附隨して幾多の良性・美德が發達した。

東海の島に據つた日本は、國家を建設する上に頗る有利であつた。四周の海が天然の城壁となつて、容易に外敵のうかゞふことを許さないから、國家の存立を危くし、國民の生活をおびやかすやうな危機は絶無であり、國内はおほむね平和であつた。隨つて國民は國の誇を傷つけられたことがなく、又其の誇を永久に持續しようとする心掛けも出來て、いざといへば、擧國一致國難に當る氣風を生じた。萬世一系の皇室を中心として團結した國民は、かくていよいよ結束を固くし、熱烈な愛國心を養成した。其の上我が國の美しい風景や温和な氣候は、自ら國民の性質を穩(をん)健ならしめ、自然美を愛好するやさしい性情を育成するのに與つて力があつた。

短	しかし此の事情は一面に國民の短所をもなしてゐる。狭い島國に育ち、生活の安易な樂土に平和を樂しんでゐた我が國民は、とかく引込み思案におちいり易く、奮闘(とう)努力の精神に乏しく、遊惰(だ)安逸(いつ)に流れるかたむきがある。温和な氣候や美しい風景は、人の心をやさしくし、優美にはするが、雄大豪(がう)壯の氣風を養成するには適しない。殊に德川幕府二百餘年の鎖(さ)國は、國民をして海外に發展する意氣を消磨せしめ、徒に此の小天地を理想鄕と觀じて、世界の大勢を知らぬ國民とならしめた。其
磨	の結果今日も尚國民は眞の社交を解せず、人を信じ人を容れる度量に乏しい。そこで海外に移住
容 誤	しても外國人から思ひ掛けぬ誤解を受けて排斥(はいせき)されるやうなことも起つて來る。すべて日本人の短所として、性質が小さく狭く出來たきらひがある。其の原因はいろいろあらうが、昔から此の島國で荒い浮世を知らずに過して來たことが、其の主たるものであらう。今日我が國が列強の間に立つて世界的の地歩を占めた以上、かういふ短所はやがて我が國民から消
掃	去るであらうが、出來る限り早く之を一掃することは我々の務ではあるまいか。
	支那・印度の文明を入れ、更に西洋の文明を入れ

て長足の進歩を成し遂げた日本國民は、賢明な機敏な國民である。他國の文明を消化して、之を巧みに自國のものとすることは、實に我が國民性の一大長所である。しかし此の半面にもまた短所がうかゞはれないであらうか。自分で思ふまゝに造り出す創造力は、十分に發揮せられたことがなく、昔から殆ど模倣(もはう)のみを事として來た觀がある。習、性となつては、遂に日本人には獨創力がないであらうと自らも輕んじ、外國人からも侮られる。しかし模倣はやがて創造の過程でなくてはならぬ。我々は何時かは模倣の域を脱して十分に獨創力を發揮し、世界文明の上に大いに貢獻(こうけん)したいものである。

我が國民には潔いこと、あつさりしたことを好む風がある。櫻の花の一時に咲き一時に散る風情(ふぜい)を喜ぶのがそれであり、古の武士が玉とくだける討死を無上の名譽としたのがそれである。日本人ほどあつさりした色や味はひを好むものはあるまい。あつさりしたこと、潔いことを好む我が國民は、其の長所として廉(れん)恥を貴び、潔白を重んずる美徳を發揮してゐる。しかし其の半面には、物にあき易く、あきらめ易い性情がひそんではゐないか。堅忍不抜あく

までも初一念を通すねばり強さが缺けてはゐないか。こゝにもまた我々の反省すべき短所があるやうである。

我が國民の長所・短所を數へたならば、まだ外にもいろいろあらう。我々は常に其の長所を知つて、之を十分に發揮すると共に、又常に其の短所に注意し、之を補つて大國民たるにそむかぬりつぱな國民とならねばならぬ。

尋常
小學　國語讀本卷十二　終

大正十二・年六月廿六日發行

昭和三年三月十五日修正印刷

昭和三年三月十七日修正發行

（非賣品）

著作權所有

著作兼發行者

東京市小石川區久堅町百八番地

文部省

印刷者

東京市小石川區久堅町百八番地

大橋光吉

印刷所

共同印刷株式會社

▶ 찾아보기

편자소개(원문서)

김순전 金順槇

소속 : 전남대 일문과 교수, 한일비교문학·일본근현대문학 전공

대표업적 : ①저서 : 『韓日 近代小說의 比較文學的 研究』, 태학사, 1998년 10월

②저서 : 『일본의 사회와 문화』, 제이앤씨, 2006년 9월

③저서 : 『조선인 일본어소설 연구』, 제이앤씨, 2010년 6월

사희영 史希英

소속 : 전남대 일문과 강사, 일본근현대문학 전공

대표업적 : ①논문 : 「일본문단에서 그려진 로컬칼라 조선」, 韓國日本文化學會, 「日本文化學報」 제41집, 2009년 5월

②저서 : 『『國民文學』과 한일작가들』, 도서출판 문, 2011년 9월

③역서 : 『잡지 「國民文學」의 詩 世界』, 제이앤씨, 2014년 1월

박경수 朴京洙

소속 : 전남대 일문과 강사, 일본근현대문학 전공

대표업적 : ①논문 : 「『普通學校國語讀本』의 神話에 應用된 <日鮮同祖論> 導入樣相」, 『일본어문학』 제42집, 일본어문학회, 2008년 8월

②논문 : 「임순득, '창씨개명'과 「名付親」-'이름짓기'에 의한 정체성 찾기-」『일본어문학』 제41집, 일본어문학회, 2009년 6월

③저서 : 『정인택, 그 생존의 방정식』, 제이앤씨, 2011년 6월

편자소개(원문서)

박제홍 朴濟洪

소속 : 전남대 일문과 강사, 일본근현대문학 전공

대표업적 : ①논문 : 「메이지천황과 學校儀式敎育-국정수신교과서를 중심으로」,
『일본어문학』 28집, 한국일본어문학회, 2006년 3월
②논문 : 『보통학교수신서』에 나타난 忠의 변용, 『일본문화학보』 34집,
한국일본문화학회, 2007년 8월
③저서 : 『제국의 식민지수신』 -조선총독부 편찬 <修身書>연구-
제이앤씨, 2008년 3월

장미경 張味京

소속 : 전남대 일문과 강사, 일본근현대문학 전공

대표업적 : ①논문 : 「일제강점기 '일본어교과서' Ⅰ기・Ⅳ기에 나타난 동화의 변용」
『日本語文学』 52집, 한국일본어문학회, 2012년 3월
②편서 : 學部編纂 『日語讀本』 上・下, 제이앤씨, 2010년 7월
③저서 : 『수신하는 제국』, 제이앤씨, 2004년 11월

朝鮮總督府編纂 『普通學校國語讀本』 第二期 原文(下)

초판인쇄 2016년 09월 26일
초판발행 2016년 10월 17일

편   자 김순전 사희영 박경수 박제홍 장미경 공편
발 행 인 윤석현
발 행 처 제이앤씨
등록번호 제7-220호
책임편집 이신

우편주소 132-702 서울시 도봉구 우이천로 353, 성주빌딩 3층
대표전화 (02) 992-3253(대)
전   송 (02) 991-1285
홈페이지 www.jncbms.co.kr
전자우편 jncbook@daum.net

ISBN 979-11-5917-029-4 94370   정가 31,000원
     979-11-5917-026-3 (전3권)